企业文化落地指南

顶层设计·模型工具·实操要点·案例解析

张胜楠 著

化学工业出版社
·北京·

内 容 简 介

本书依托杭州职业技术学院文库，立足于现代企业管理理论和实践，全方位、多角度、系统化地阐述了企业文化建设与落地的实战方法，从顶层设计到实操落地，系统讲解了企业文化建设的核心要素、诊断评估、理念构建、愿景使命落地、价值观考核、制度建设、培训实操、员工关系管理，以及数字化转型等多个关键方面。本书的特色在于理论结合实践，不仅深入剖析了企业文化的内涵与作用，讲解了企业文化落地实践的顶层设计，还提供了实用的模型工具、实操要点和案例分析，帮助企业更好地理解和开展企业文化建设。

本书适合企业管理者、人力资源从业者、企业文化专员，以及对企业文化感兴趣的管理者和学者阅读。它不仅可以作为企业文化建设的学习材料，也可以作为实际工作的指导手册，指导企业系统地推进企业文化建设，实现企业文化与战略、业务、员工发展的有机结合，推动企业持续健康发展。

图书在版编目（CIP）数据

企业文化落地指南：顶层设计·模型工具·实操要点·案例解析 / 张胜楠著 . —北京：化学工业出版社，2024.5

ISBN 978-7-122-45549-9

Ⅰ.①企… Ⅱ.①张… Ⅲ.①企业文化 - 指南 Ⅳ.①F272-05

中国国家版本馆 CIP 数据核字（2024）第 088964 号

责任编辑：夏明慧　　　　　　　　装帧设计：子鹏语衣
责任校对：宋　夏

出版发行：化学工业出版社（北京市东城区青年湖南街 13 号　邮政编码 100011）
印　　装：三河市双峰印刷装订有限公司
710mm×1000mm　1/16　印张 15　字数 290 千字　2024 年 8 月北京第 1 版第 1 次印刷

购书咨询：010-64518888　　售后服务：010-64518899
网　　址：http://www.cip.com.cn
凡购买本书，如有缺损质量问题，本社销售中心负责调换。

定　　价：79.00 元　　　　　　　　　　　　　　　　版权所有　违者必究

前　言

这是一个机遇与挑战并存的时代，在竞争日益激烈的市场环境中，企业要获得竞争优势，就需要具备突出且鲜明的特色，而付出更多精力和成本建设企业文化无疑成为明智且必要的选择。

企业文化是企业在长期发展中逐渐形成的一种独特的文化氛围和特征，具体包括企业的价值观、管理理念、行为准则、品牌形象、组织文化等。优秀的企业文化能够充分体现企业的精神风貌，推动企业的持续、稳定、健康发展。企业文化对企业发展的重要性不言而喻，不仅可以增强员工的认同感和归属感，激发员工的工作热情和积极性，提升企业的生产效率和整体效益，还能够帮助企业塑造良好的品牌形象，进而提高用户忠诚度和产品的市场占有率。因此，很多企业不惜重金聘请专业机构帮助打造企业文化或花费大量精力学习其他优秀企业的企业文化建设理念，希望员工的价值观和行为模式朝着预期的方向转变。

虽然很多企业公开的企业文化标语只有寥寥几个字或短短几句话，但优秀企业文化的建设和落地并不简单。即使管理者在企业文化的建设上"费尽心机"，也可能会遇到种种问题。比如，企业制定的愿景、使命与员工的认知之间存在巨大的偏差；企业文化不管如何落地建设，看起来总是非常虚幻，与企业的实际运营之间总有割裂感；企业文化建设完成后，却难以适应外界环境的变化，与时代要求格格不入；企业文化虽然看起来"很美"，员工仿佛也能够认同，但实践起来总是很难……

既然企业文化如此重要，企业文化的建设与落地又绝非一蹴而就的易事，那么企业应该如何塑造具有自身特色的企业文化呢？实际上，深度剖析世界知名企业的企业文化建设之路，我们可以获得一些经验。

企业文化的建设首先应该找准企业文化的定位，不管其他企业的企业文化多么优秀，都不可能拿来即用，其他企业的企业文化不一定完全契合本企业的定位和现状，因此自然也很难被员工认可和接受，量身定制的企业文化需要与企业的发展历史、管理者的风格等融合，并能够体现企业的特质，如此才能使得其涵盖的理念、精神、价值观等在企业中得到广泛传播。企业文化的建设需要夯实制度根基，企业所制定的各项规章和制度不仅能够体现企业的管理风格和商业模式，也是企业文化的载体，因此企业需要梳理并审视出台的制度，确保所有内容和细节均与企业文化所倡导的理念和价值观一致，而不是文化和制度"两张皮"。企业文化建设需要融入企业的日常运营活动，在企业的日常运营和管理中，管理者的一举一动实际上都是企业文化的具体呈现，因此其思维模式、价值取向、判断标准等也就体现了企业文化所蕴含的理念，如果管理者能够起到良好的表率作用，那么企业成员也就能够更加认可和接受企业文化，并将其内化为自己的价值观念和行为模式。

此外，企业文化需要通过开展员工培训与宣传活动来落地，培训不仅是提升员工技能的有效途径，也是培养员工文化理念的重要渠道，尤其对于新员工而言，企业不同形式的培训活动能够使得他们对企业文化由认知过渡到认同。但需要注意的是，培训并不是给员工"洗脑"，生硬地灌输"假大空"的内容只会适得其反。除培训与宣传活动外，企业文化的落地也需要寻找合适的切入点，在企业的发展过程中总会有一些重大事件，这些事件就可以成为企业文化建设的切入点，企业可以以年会为切入点，通过丰富多彩的活动传播企业的价值观和文化理念；企业可以以员工表彰大会为切入点，通过奖励优秀员工，使得企业成员对企业推崇的文化理念有更清晰的认知。为了巩固企业文化的建设成果，企业的管理者还需要注重考核和评估，比如从员工的满意度和忠诚度、企业的绩效和产品的市场占有率、品牌的形象和口碑等维度判断企业文化的建设路径是否正确。

企业文化是企业的灵魂。随着经济全球化的深入发展以及新兴技术的不断进步，企业文化的重要性也将愈来愈凸显。企业管理者要了解企业文化、明白企业文化的价值，并确保企业文化的建设和落地，就需要一套切实可行的实操指南。

本书依托"浙江省高校重大人文社科攻关计划项目资助（项目编号：2023QN127）"，针对当前企业文化建设中的难点、疑点与痛点，重点回答了如何对企业文化进行调研与诊断、如何规划与设计企业文化体系、如何萃取企业文化理念、如何让企业文化融入员工的价值体系、如何将企业制度与组织文化融合、如何打造企业文化培训内容体系等一系列问题，立足于现代企业管理理论和实践，全方位、多角度、系统化地阐述了企业文化建设与落地的实战方法，从企业文化建设的整体思路、企业文化的诊断与评估方法、企业文化理念体系的构建、企业愿景与使命落地实操、企业价值观的落地与考核、企业文化的制度建设、企业文化培训落地实操、企业文化与员工关系管理、企业文化与数字化转型九大维度入手，深度剖析组织管理者在新的商业环境下如何跨越固有的思维认知，重塑企业文化基因，有效激活组织的"惰性细胞"，以增强其"适应性、创新性和协调性"，实现组织系统的进化。

此外，本书通过对宝洁、阿里巴巴、华为等著名企业案例进行客观翔实、系统全面的分析和讲解，揭示了在这个风云变幻、竞争激烈且极具颠覆性的商业环境下，企业文化管理中存在的一些偏见和盲区，以全新的理念和思想给全球商界和管理学界注入一股新的思潮，为企业优化商业行为和管理行为提供了崭新的思路，并将全球先进的企业文化理念、理论模型、价值体系与国内企业的管理现状结合，致力于帮助中国企业管理者建立一套完善的、行之有效的、真正意义上的"现代企业文化制度"，实现企业持续发展的目的。

著者

目 录

第 1 章 企业文化建设的整体思路
1

- 1.1 企业文化的内涵、特征与作用 ... 2
  - 1.1.1 企业文化的内涵 ... 2
  - 1.1.2 企业文化的六大特征 ... 4
  - 1.1.3 企业文化的结构层次 ... 6
  - 1.1.4 企业文化的重要作用 ... 9
- 1.2 企业文化的三大核心要素 ... 11
  - 1.2.1 愿景：企业发展的未来蓝图 ... 11
  - 1.2.2 使命：企业经营的指导思想 ... 13
  - 1.2.3 价值观：企业发展的精神支柱 ... 15
- 1.3 企业文化建设的框架思路 ... 16
  - 1.3.1 企业文化建设的四个阶段 ... 16
  - 1.3.2 企业文化建设的基本原则 ... 18
  - 1.3.3 企业文化建设的主要内容 ... 21
  - 1.3.4 企业文化建设的实施路径 ... 24
- 1.4 基于关键要素的企业文化模型 ... 28
  - 1.4.1 共同语言 ... 28
  - 1.4.2 流程 ... 30
  - 1.4.3 优先权 ... 31
  - 1.4.4 结构 ... 33
  - 1.4.5 授权 ... 34
  - 1.4.6 制度 ... 35
  - 1.4.7 会议 ... 35

第 2 章 企业文化的诊断与评估方法

37

- 2.1 企业文化诊断的原则、内容与实施步骤　38
  - 2.1.1 企业文化诊断的基本原则　38
  - 2.1.2 企业文化诊断的主要内容　39
  - 2.1.3 企业文化诊断的实施步骤　40
  - 2.1.4 基于 GREP 模型的诊断方法　42
- 2.2 企业文化诊断与评估的工具模型　45
  - 2.2.1 沙因文化测评模型　45
  - 2.2.2 双 S 立体文化模型　46
  - 2.2.3 丹尼森组织文化模型　48
  - 2.2.4 查特曼组织文化剖面图　50
  - 2.2.5 奎因竞争性文化价值模型　53
- 2.3 企业文化诊断与评估的常用方法　54
  - 2.3.1 深度访谈法　54
  - 2.3.2 问卷调查法　55
  - 2.3.3 资料研究法　57
  - 2.3.4 现场调查法　58

第 3 章 企业文化理念体系的构建

61

- 3.1 企业文化理念体系的三个层次　62
  - 3.1.1 战略理念　63
  - 3.1.2 价值理念　64
  - 3.1.3 执行理念　66
- 3.2 企业文化识别体系的构建方法　68
  - 3.2.1 企业文化识别体系　68
  - 3.2.2 理念识别系统　70
  - 3.2.3 视觉识别系统　71
  - 3.2.4 行为识别系统　73
- 3.3 企业文化理念的提炼　75
  - 3.3.1 企业文化理念的提炼原则　75
  - 3.3.2 企业文化理念的提炼思路　76
  - 3.3.3 企业文化理念的提炼步骤　78
  - 3.3.4 企业文化理念的提炼方法　80

第 4 章
企业愿景与使命落地实操
83

- 4.1 企业愿景的制定原则与关键　84
  - 4.1.1 愿景制定的四个原则　84
  - 4.1.2 明确企业的核心价值　85
  - 4.1.3 了解市场和竞争环境　87
  - 4.1.4 制定长期发展目标　88
  - 4.1.5 人才培养和团队建设　90
  - 4.1.6 持续改进管理流程　91
  - 4.1.7 兼顾经济效益与社会责任　92
  - 4.1.8 保持灵活性与敏捷性　93
- 4.2 使命陈述、管理及落地机制　95
  - 4.2.1 企业使命的内涵与构成　95
  - 4.2.2 使命陈述及其评价标准　97
  - 4.2.3 企业使命管理及其任务　100
  - 4.2.4 企业使命落地机制及要点　101
  - 4.2.5 企业使命制定的注意事项　103

第 5 章
企业价值观的落地与考核
107

- 5.1 企业价值观落地的五个阶段　108
  - 5.1.1 宣传：构建组织符号体系　108
  - 5.1.2 反馈：建立有效沟通渠道　109
  - 5.1.3 制度：价值观落地的基础　111
  - 5.1.4 领导：推进价值观的落地　113
  - 5.1.5 转化：形成员工行为规范　115
  - 5.1.6 企业价值观落地的注意事项　116
- 5.2 企业价值观考核的实施办法　119
  - 5.2.1 企业价值观考核的作用、内容与类型　119
  - 5.2.2 企业价值观考核体系　121
  - 5.2.3 企业价值观绩效考核的指标体系　125
  - 5.2.4 基于价值观考核的激励机制　128

第 6 章
企业文化的制度建设
131

6.1　企业文化与制度的融合路径　132
    6.1.1　从经验管理到文化管理　132
    6.1.2　企业文化与制度相匹配　134
    6.1.3　以企业文化制度引导员工行为　135
    6.1.4　企业文化制度建设的方法　136
6.2　构建绩效导向型企业文化　138
    6.2.1　企业文化与绩效管理的关系　138
    6.2.2　绩效导向型企业文化建设　139
    6.2.3　基于企业文化的绩效管理　142
    6.2.4　企业文化建设与绩效考核　145

第 7 章
企业文化培训落地实操
149

7.1　企业文化培训体系建设方案　150
    7.1.1　师资体系建设　150
    7.1.2　课程体系建设　151
    7.1.3　实施体系建设　154
    7.1.4　支持体系建设　155
    7.1.5　评估体系建设　156
7.2　企业文化培训的问题与对策　158
    7.2.1　设计针对性的培训内容　158
    7.2.2　采用先进的培训方法　160
    7.2.3　培训内容要兼顾企业发展　161
    7.2.4　构建企业文化培训考核机制　162
7.3　企业大学的建设与运营路径　164
    7.3.1　建立企业大学的意义　164
    7.3.2　企业大学的组织构成　166
    7.3.3　企业大学的课程体系　167
    7.3.4　企业大学的管理体系　168
    7.3.5　宝洁大学的培训机制　170

第 8 章
企业文化与员工关系管理

173

8.1	让企业文化成为每个员工的 DNA	174
	8.1.1 企业文化与员工关系管理	174
	8.1.2 基于企业文化的员工关系管理	176
	8.1.3 企业文化认同的三个阶段	177
	8.1.4 让员工认同企业文化的措施	180
8.2	行为准则的制定流程与方法	182
	8.2.1 员工行为准则的常见形式	182
	8.2.2 员工行为准则的制定流程	188
	8.2.3 员工行为准则的制定方法	189
	8.2.4 如何做好员工行为管理？	191

第 9 章
企业文化与数字化转型

195

9.1	数字化企业文化的特征与内涵	196
	9.1.1 数字化文化：赋能企业数字化转型	196
	9.1.2 数据思维：数据决策与数据共享	198
	9.1.3 用户共创：重新定义企业与用户	200
	9.1.4 协同共赢：实现跨部门高效协作	201
	9.1.5 持续学习：构建学习型组织文化	202
	9.1.6 创新容错：激活组织的创新优势	203
	9.1.7 敏捷文化：快速适应市场的变化	204
9.2	数字化企业文化的转型与变革	205
	9.2.1 共生型企业文化	205
	9.2.2 激励型企业文化	207
	9.2.3 用户本位型企业文化	208
	9.2.4 社会外溢型企业文化	211
9.3	构建数字化文化的实践路径	213
	9.3.1 构建高效的数字化领导力	213
	9.3.2 清晰而明确的数字化愿景	215
	9.3.3 打造数字化文化配套机制	216
	9.3.4 提供数字化文化运营体验	218

参考文献   221

第 1 章

企业文化建设的
整体思路

1.1 企业文化的内涵、特征与作用

1.1.1 企业文化的内涵

企业文化（Corporate Culture）是一种精神性和理念性的存在，具体表现为价值观念、行为准则、道德规范、风俗习惯等多种形式，其在企业内部受到一致认可，并由企业全体成员共同遵守。另外，能够反映企业文化特质的规章制度、组织结构和物质实体等客观性和物质性存在，同样被视为企业文化的一部分。因此，企业文化是这两类事物的综合体现。企业文化在企业发展中扮演着基石的角色，它是员工行为和态度的标尺，是企业形象和声誉的招牌，也是组织凝聚力和竞争力的源泉。

企业文化包括共同的价值观念、行为模式、文化氛围、企业形象等，它在企业的经营实践过程中由企业管理者倡导，经历一个自上而下的过程，最终在大部分员工中达成共识。企业文化的建设要与企业战略系统和组织能力系统相匹配。具体而言，企业文化主要有四个层面的内涵，如图1-1所示。

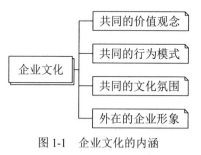

图1-1 企业文化的内涵

（1）共同的价值观念

共同的价值观念由一系列价值理念、价值主张组成，具体包括使命、宗旨、核心价值观、战略愿景等，由企业的决策者倡导，在企业的发展中起支撑作用。

共同的价值观念为企业发展指明方向，支撑着企业向发展目标迈进，让全体员工在它的指引下共同努力奋斗。这些价值观念是在企业发展过程中形成的，是企业在不断应对内外部挑战的过程中取得的成果，它凝聚了企业大部分员工的共识，是得到了员工一致认同的行为指南和努力目标。与此同时，对于因企业的转型变革而涌现出的一系列问题，也要从这些深入人心的价值观念中寻找深层次的原因。总之，共同的价值观念是与企业发展息息相关的。

（2）共同的行为模式

共同的行为模式包括行为习惯和与之对应的行为结果，其中行为习惯又由行为意识、行为能力、行为实践等要素构成。根据企业发展的愿景和目标，共同的价值观为企业成员指明了共同努力的方向。不过，价值观念本身是看不见摸不着的，它们要通过员工的具体行为模式体现。

人们常说实践出真知，哲学上也讲物质决定意识，一种受到全体员工接受和认同的心智模式不是预先存在或凭空而来的，而是源于全体员工在经年累月的工作中形成的行为习惯，以及与习惯相对应的维持企业生存发展的行为结果。只有以行为习惯和行为结果为依托，企业文化才能真正固化与延续，成为一种组织凝聚力和向心力，支撑企业的生存和发展。不过，员工相对固定的行为习惯和心智模式诚然能保证企业文化的传承，但当企业文化需要转型时，它也会成为一种阻力。

有一点在这里需要着重强调，那就是共同的价值观念并不总是会导向同一种行为模式。在复杂多样的世界中，实事求是、因地制宜显得尤为重要。现实中或许存在若干有着相同价值观念的企业，但这些企业可能在所处地域、行业、服务领域、职能范围等方面存在较大差异，它们的组织内部在处理和解决问题以及获取结果时所依照的规律不尽相同，因而在需要达成各自的目标时，它们也会选用不同的行为模式。可见，共同的价值观念不是一个固定的制作模具，而更像是一套制作流程或一种制作理念，不同的环境条件会催生出不同的文化表现和行为模式。

（3）共同的文化氛围

一个组织或群体中往往会存在一种大家熟悉和习惯的感觉氛围，它是建立在这个组织或群体共同的心理契约之上的，也就是人们通常说的文化氛围。

共同的价值观念和行为模式在多个方面发挥着积极作用，在企业发展中，它们带来了可观的绩效，为企业实现发展目标提供支撑。同时在它们的影响下，企业员工在思维、交流、工作，甚至生活上形成了共同的习惯，这样一来员工之间的相处更加融洽，工作效率自然也能得到提高。价值观念和行为模式是较为抽象的，人们不容易形成关于它们的直接感受，文化氛围则不然，文化氛围能给人带来更直接的感受，因而它会影响企业的运行方式。因此，在建设和塑造企业文化时，企业会倾向于将文化氛围作为主要关注点，也会把改变文化氛围作为推动企业文化转变的着力点。然而，这里往往会忽视一个关键的问题，即文化氛围归根结底是企业价值观念和行为模式的产物，因此还是要追寻本源，抓住主要矛盾，从价值观念和行为模式入手实行对企业文化的管理和重塑。

（4）外在的企业形象

企业形象是面向外部利益相关者的，是他们对企业的感受和认识。特定的企业形象会展示给企业的客户、供应商或其他利益相关者，是企业组织特征的展现，其塑造离不开企业共同的价值观、行为模式和文化氛围的作用。企业形象是构成企业文化很重要的一部分，受到市场营销、公共关系部门和专业机构的关注。

企业形象来源于企业价值观念和员工行为模式，也是企业文化氛围的外化表现。用专业系统的方法建设和管理企业形象是必要的，但营造和包装之类的手段只能停留在表面而不能触及实质，企业形象不是空中楼阁，需要建立在价值观念和行为模式之上。

1.1.2 企业文化的六大特征

企业文化会呈现出多种特征，这与它受到的不同层面的影响有关。首先，企业文化是一种组织文化或群体文化，它会受民族文化和社会文化的限制和影响，民族和社会文化的特性也会融入企业文化之中；其次，本企业的组织环境和群体特性会对企业文化施加更重要的影响，其中企业家的倡导和推崇尤其重要；最后，企业所处的行业、企业的结构形态、员工的素质和水平、企业的经营方式等，也会不同程度影响企业文化的生成。以上提到的这些因素的存在形式和内涵各不相同，因此不同企业的企业文化之间便会存在本质差异。

企业文化的六大特征如图 1-2 所示。

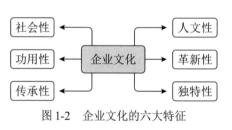

图 1-2　企业文化的六大特征

（1）社会性

企业文化的社会性主要体现在两个方面：其一，企业是社会的组成部分，不可能脱离特定的社会文化环境而独立存在，而社会文化是独属于某个社会的文化，是一种综合体现，会受到社会生产方式、社会制度等因素的影响，因此，企业文化作为社会文化的分支，会不可避免地带有鲜明的社会性；其二，企业要在社会系统环境中进行生产经营活动，企业与其他社会主体之间的紧密依存关系使得双方互相影响，这种相互的影响也会表现在企业文化上。

（2）功用性

企业文化不仅是社会文化的一部分，它也拥有相对于民族文化、社区文化、政治文化的独立地位。企业是社会发展的产物，其本质是以营利为目的的经济实体，因此企业文化需要反映这样一种经济组织的价值与目的要求，以及它为了实现目标而制定和形成的行为准则和制度规范。因此，企业文化虽然会受到民族文化和社区文化等社会性文化的影响，但也需要体现其功用性。

（3）传承性

企业文化的传承性主要体现为以下几点：首先，员工在企业提供的培训中实现了自身素质的提升，这是企业文化保持成长状态的动力；其次，员工持续不断的学习探索，以及在更高层次上对企业文化的深入理解和认识，是推动企业文化持续进步的关键步骤；最后，企业文化的生成过程也是一个积累和沉淀的过程，只有随着企业的发展不断丰富和更新其内涵，企业文化才能成为企业独特的竞争优势。

（4）人文性

文化的核心永远是人，在企业文化的构成要素中，人的主体地位是毋庸置疑的，一种文化中要有创造者和接受者两个基本角色，企业的物质和精神文化由企业成员直接创造，也被企业成员接受认可。对于人的多层次需要，以及企业内员工的价值和自我实现，企业给予了高度关注和重视。因此，"人文性"理所应当地成为企业文化的根本特征，具体来说，企业文化的"人文性"倡导的是一种团体内的亲密合作和地位平等。

以人为本，以人的全面发展和价值实现为重，是企业文化的主旨与核心。企业文化关心和重视的对象不只限于企业内部的人，所有与企业有接触、有交集的个体，企业同样要给予关注，并针对其物质方面的需求提供高质量的产品和周到的服务，同时也要满足他们在社会和精神层面的需求。还有一点值得强调，那就是企业文化强调企业和个体之间不是单向的服务和被服务的关系，两者可以互相促进、共同进步。企业文化重视企业发展中人的价值，认为人是企业取得成功的根基。同时，对于人的发展，企业也起到了积极的促进作用，并努力使人能够借助企业这一平台充分实现自身价值。因此，在企业文化的语境下，企业价值的实现和人的价值的实现是相辅相成、协调统一的，企业的良性发展也有利于个体潜能的充分发挥。

（5）革新性

企业文化会随着企业的发展而不断丰富和完善，这是企业文化革新性的表现。另外，企业所处的环境随时都在变化，人们的观念也随之不断更新，这对企业的发展提出新的要求，因此企业文化便需要及时革新，只有这样才能不断为企业发展注入新的生命力，这同样是企业文化革新性的表现。

（6）独特性

独特性指的是企业文化具有独属于自身的、区别于其他组织文化的特性。这是因为企业文化的形成不是一蹴而就的，独特的文化对于成功的企业来说是必不可少的。如果一家企业没有独特的价值观念和战略目标，就难以拥有明显的竞争优势。企业文化只有从实际出发，才能在员工之间形成强大的凝聚力，真正成为企业发展的灵魂和推动力。

1.1.3　企业文化的结构层次

当代著名管理学家吉尔特·霍夫斯泰德（Geert Hofstede）认为，文化是由不同层次组成的。企业文化则是由企业的价值观、信念、仪式、符号和处事方式等内容组成的专属文化形象。根据霍夫斯泰德的观点，企业文化可以按照其内在性质划分为物质层、行为层、制度层和精神层四个不同的结构层次，如图1-3所示。

人们可以按照物质层、行为层、制度层、精神层的顺序依次对企业文化进行观察和探究，以由表及里的方式逐步深入掌握企业文化的外在静态表现和载体、活动文化、行为规范、核心理念等内容。

（1）企业文化的物质层

企业文化的物质层，也可以叫作企业的物质文化，它是一种器物文化，一种处于表层的企业文化，它的构成成分是企业成员创造的产品及各种物质设施，其主要研究对象为物质形态。企业的物质文化首先体现在企业的生产经营成果——产品和服务中，除了企业的生产经营成果外，企业的生产环境和建筑、企业的广告、企业产品的包装与设计等，也都是企业物质文化的主要组成部分。

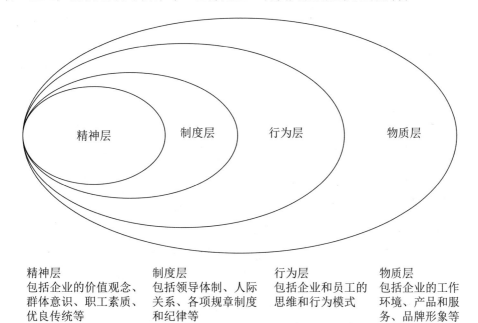

精神层
包括企业的价值观念、群体意识、职工素质、优良传统等

制度层
包括领导体制、人际关系、各项规章制度和纪律等

行为层
包括企业和员工的思维和行为模式

物质层
包括企业的工作环境、产品和服务、品牌形象等

图1-3　企业文化的结构层次

（2）企业文化的行为层

企业文化的行为层也叫企业的行为文化。在企业文化的层级中，企业物质文化处在最外层，企业行为文化则处在第二层，行为文化是浅层的企业文化。

企业文化的行为层所指的是企业员工在日常的生产经营和业余的学习娱乐中建立起来的活动文化。在企业经营、教育宣传、人际关系和文娱体育活动中，会形成一些文化现象，这些现象构成了企业文化行为层的主要内容。企业行为文化动态地展现出企业的经营作风、精神面貌及人际关系，折射出企业的精神内核和价值观。行为文化主要包括三类人的行为：企业家、企业模范人物、企业员工。

（3）企业文化的制度层

企业文化的制度层又被称作企业的制度文化，包含三个方面：企业领导体制、企业组织机构、企业管理制度。企业领导体制的产生以及发展变化，是企业的生产发展和文化进步的结果和产物，是一个必然的过程。企业文化的载体是企业组织机构，组织机构有正式及非正式之分。企业管理制度由各项规定和条例构成，是企业在生产经营管理过程中制定的，起到规范和保证的作用。

作为企业文化的重要组成部分，企业制度文化脱胎于一定的精神文化，所以要符合精神文化的要求。在开展完善与改革企业制度这样的重要工作时，一定不是随意的、盲目的，而是需要一定的价值观的指导。企业目标只有在企业制度文化与其要求相适应的时候才能实现。让企业制度文化适应企业目标一直是卓越企业的战略选择，他们以此赢得竞争、拥抱未来。

制度文化源于精神文化，同时它又反过来作为精神文化的基础和载体。企业制度文化建立起来之后，能在人们选择新的价值观念时为其提供参照，进而催生新的精神文化。沿着精神文化—制度文化—新的精神文化的轨迹循环，企业文化能不断地丰富和发展。

同时，企业行为文化能否得到贯彻，也取决于企业的制度文化。有了制度文化的保障作用，行为文化才能在各个方面取得更加积极的成果，比如建设好同企业职工生产、学习、娱乐、生活等方面有着直接联系的行为文化，树立严谨而有活力的企业经营作风，建立和谐融洽的人际关系，提高职工的文明程度。

（4）企业文化的精神层

企业文化的精神层也叫企业的精神文化，是整个企业文化系统的核心，作为一种文化现象，它比企业物质文化和行为文化的层次更深。精神层在企业文化中扮演核心和灵魂的角色，得到了企业大部分成员的充分认可，并成为他们共同信守的基本信念、价值标准。企业文化的精神层主要包括以下内容。

① 最高目标。企业全体成员以最高目标为共同的追求，企业的共同价值观以及其成员的理想追求都在它身上得到了集中表现和深刻反映，企业文化建设从它开始，最终也归于它。

② 组织哲学。企业领导者为了实现最高目标，会在整个管理活动中确立一个基本信念，这就是组织哲学，它是组织领导者的一种哲学思考，其聚焦于组织的长远发展目标、发展战略和策略。

③ 组织精神。组织总结、提炼和倡导自身现有的观念意识、传统习惯、行为方式中的积极因素，希望借此在成员群体中提倡和培养一种优良风貌，这就是组织精神。组织精神要想得到体现，需要全体成员主动践行。

④ 组织风气。组织风气通常指的是组织及其成员的一种行为心理状态,它在组织活动中逐步积累并固化成形,具有普遍性和稳定性,对整个组织生活产生着重要的影响。

⑤ 组织道德。组织内部需要调整各种各样的关系——成员与成员的、组织与组织的、成员与组织的、成员与社会的、组织与社会的,组织道德就是调整这些关系时用到的行为准则。组织需要调节的关系主要来自三个方面——成员与成员、成员与组织、组织与社会,与此对应的便有三种行为准则与规范。

⑥ 组织宗旨。组织宗旨主要阐述了组织存在的意义及其社会价值等。

1.1.4 企业文化的重要作用

企业文化是企业内部的独特氛围,孕育于企业的发展历程中,包括企业的价值导向、管理方式、品牌的市场定位、员工的行为标准等多个方面。企业文化作为企业的面貌、灵魂与旗帜,指导着企业的长期发展。

建设企业文化是企业发展的重要一环。优秀的企业文化能够反映出企业深厚的文化底蕴,可以为企业带来文化竞争力。企业文化还能在员工之间形成强大的凝聚力,让员工齐心协力,推动企业持续向好发展。此外,企业文化还是员工行为的标尺,能够纠正员工的错误行为,帮助员工更新思想观念、升华境界、提高水平。总的来说,企业文化的重要作用主要体现为以下几点,如图1-4所示。

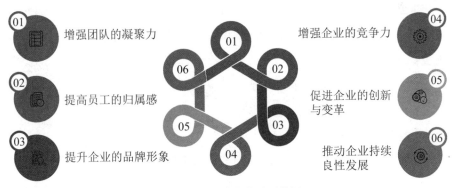

图1-4 企业文化的重要作用

(1) 增强团队的凝聚力

企业文化会形成一种企业特有的工作氛围,在这种工作氛围下,员工久而久之就形成了共同的价值判断标准。员工价值观念统一,其日常行为、工作方式就会逐渐趋同,员工之间就会逐渐形成认同感。这种认同感使员工荣辱与共,更容易形成向上的合力。这股合力使员工进退一致，共同为企业发展努力。

因此，建设企业文化的关键在于使员工产生参与感，激发员工的工作热情，这个过程不仅能提高员工的工作效率，创造更丰富的工作成果，还能增进员工对企业文化的认同，增强团队凝聚力。另外，为了确保员工充分理解企业的价值理念和发展目标，要让员工充分沟通、互相学习，在互动中形成集体认同。

（2）提高员工的归属感

建设企业文化还可以提高员工对企业的归属感。员工工作的热情与效率的高低，取决于他们对企业文化认可程度的高低。对工作是否有感情，关系到员工是否会流失、工作是否稳定、效率是否达标。

如何创设情境，让员工参与企业的分工与决策；如何构建语境，彰显企业对员工的认可与尊重，是提高员工归属感的重中之重。要想解决这些问题，企业需要主动推动员工之间的交流与学习，在互动中增进了解，让员工对企业的价值导向与发展目标有基本的认知，这样才能提高员工的归属感。

（3）提升企业的品牌形象

企业文化是企业品牌形象的一部分，能够帮助企业塑造在市场中的口碑。建设企业文化能让企业的品牌形象脱颖而出，获得消费者的认可，形成独特的品牌价值，进一步增强企业的核心竞争力，提高其市场份额。

因此，企业文化的建设离不开品牌形象的塑造。优秀的企业文化，会改善品牌的口碑与市场印象，获得消费者的认可。这需要企业将企业的价值观念、行为准则包装起来，使其在实际宣传和营销中得到体现，并向消费者传达。同时，在建设企业文化的过程中，企业还需要注重提高产品质量，优化服务水平，以赢得良好的口碑和声誉，有效塑造品牌形象。

（4）增强企业的竞争力

从根本上讲，建设企业文化就是为了提高企业在市场中的竞争力。优秀的企业文化能够体现出企业的价值导向与行为准则，为员工提供理想的工作氛围，使企业的管理井然有序，整体运营更具效率。此外，建设企业文化有助于塑造值得信赖的品牌形象，提升用户对品牌的忠诚度。

建设企业文化需要兼顾企业内部的管理与外部的宣传。企业的内部管理要求企业拥有一套完善的章程与细则，让员工的行动有可以参照的标准，帮助员工达到企业的要求，从而将员工纳入合理的管理程序之中。企业的外部宣传要求企业将自身的价值标准融入营销流程中，以在消费者中树立良好的口碑，提高市场认可度。此外，建设企业文化还需要以创新为驱动力，企业通过创新能够不断提高产品质量，优化服务水平，从而增强整体竞争力，提高市场份额。

（5）**促进企业的创新与变革**

企业文化建设和技术创新、产业变革之间有着千丝万缕的联系。企业的价值理念、组织模式都在企业文化中有着相当清晰的定义，共同决定企业的管理方式与运作流程，为创新与变革提供了先决条件。如果将创新与变革融入企业文化之中，员工会更倾向于尝试新事物、新概念、新方法，这些新的事物又帮助员工发掘新点子、新创意。因此，建设企业文化必不可少的一点是鼓励员工发现新的工作技术和方法。企业作为员工的后盾，只有为员工提供有利于创新的条件，才能激发员工的创造力，为企业的发展注入新的活力。

（6）**推动企业持续良性发展**

企业文化的建设关乎企业能否长期稳定发展。只有积极活跃的企业文化才能营造出勇于创新的工作氛围，才能对优质人才产生吸引力，才能激发员工的热情，提高其工作积极性，最终塑造出一个优秀的品牌形象，改善企业的营收情况。企业应重视企业文化建设，利用积极的企业文化引出一系列正向效应，为企业的长期发展保驾护航。

综上所述，企业文化能够增强员工的凝聚力，让员工形成对企业理念的认同，产生对企业的归属感，进而激发员工的工作热情，形成积极的工作氛围，还能激发企业创新活力，塑造良好的品牌形象，并提高企业的市场竞争力。所以，企业文化的建设是企业发展的核心任务，成熟的企业能够在发展中不断丰富企业文化的内核，以满足可持续发展的要求，保障企业的长期稳定发展。

1.2 企业文化的三大核心要素

1.2.1 愿景：企业发展的未来蓝图

企业文化是企业持续发展的重要动力，也是团队凝聚力和员工认同感的源泉。对企业文化进行分析，可以发现其三大核心要素为企业愿景、企业使命和企业价值观，三者之间互相渗透、互相影响。其中，企业愿景为企业使命指明了方向，企业使命是企业价值观的根基，而企业价值观为企业愿景和企业使命的实现奠定了基础。

企业愿景即企业未来的发展蓝图，旨在展现企业长期的发展规划和未来的战略目标，并以此鼓励员工为之奋斗。简单来说，愿景描绘了企业理想化的发展情况。此外，愿景还定义了企业的最终发展模式、企业与社会之间的联系，以及企业追求的社会价值等。

企业愿景应是企业大多数成员认同的理想，只有这样才能凝聚大部分人的斗志，鼓舞成员投身于工作之中。企业内部如果无法形成共同的愿景，就不能营造万众一心的团队氛围，就意味着团队成员不能把公司的未来与自己的未来紧密关联，进而产生消极懈怠的工作态度，无法激发工作热情和释放个人潜能。

随着企业的逐步发展，以往制定的愿景可能已经实现，这时就需要企业根据实际情况和发展方向，重新绘制企业愿景和发展蓝图。虽然有些愿景可能难以实现，但成员会在奋斗中无限接近那个目标，激励自己不断前进。

纵观国内外的知名企业，我们会发现它们大多都具有明确的企业愿景，如表1-1所示。

表1-1 企业愿景示例

企业	企业愿景
小米（MI）	和用户交朋友，做用户心中最酷的公司
可口可乐（Coca-Cola）	打造人们喜爱的品牌和饮料产品，让他们的身体和精神焕然一新，以创造更可持续的商业和更美好的共享未来，进而改变人们的生活、社区和我们的地球
百事（PepsiCo）	成为全球休闲食品和饮料领域的领军者
索尼（SONY）	用创意和科技的力量感动世界
凯捷（Capgemini）	技术的商业价值源于员工并由员工体现出来

愿景表明了企业在社会生产和经济流通环节中扮演的角色，阐述了企业存在的根本目的。愿景也象征着企业未来的发展方向，描绘出企业在未来一段时间的

发展蓝图，它不仅包括企业生产运营的计划与目标，更诠释了企业发展的终极追求，回答了"企业会去哪里"的问题。

从本质上来看，愿景是理想的画卷，能超越人类认知的限制和物理空间的约束，表现出企业不甘人后、力争先进的决心和勇气。但愿景不是一个虚无缥缈的概念，它是一个具体、可实现的目标，回答了发展和前进的方向问题。愿景面向未来，探索如何实现个人、企业与社会的共同利益，强调未来企业与社会之间的发展协作。此外，愿景不仅是企业对组织内成员的承诺，还体现了企业与客户、合作伙伴和社会之间的互利互助关系。在企业的发展过程中，企业愿景能提高企业形象，扩展企业视野，让企业创造出更大的价值，为用户提供更好的产品和服务，并与其他企业建立更密切的合作关系。

企业的愿景应顺应时代发展的潮流。如今，可持续发展理念深入人心，企业也应将绿色环保的概念与企业愿景相融合，让生产经营活动与环境保护和社会公益紧密联系。比如，新型汽车制造公司可以设定自己的愿景为"成为全球领先的环保汽车制造商"，通过改善动力系统、降低废气排放等，提高整个汽车产业的节能与环保能力。

企业的愿景还应适应经济发展的趋势。比如，科技企业应重点关注科技前沿领域，推动科技成果转化应用，在经营活动中实现企业效益和社会效益双效提升，可以将自己的愿景设定为"成为全球科技创新引领者"，力求通过持续的科技创新和产品研发，推动高新技术产品落地，助力科技产业进步。

1.2.2　使命：企业经营的指导思想

企业使命是企业价值观的根基，它回答了企业奋斗和存在的意义。但企业使命并不是苍白的口号或单薄的承诺，它体现了企业未来的发展定位和长远追求。

企业使命是企业文化的核心要素之一，诠释了企业成员工作的意义，展现了企业对社会发展的价值，集中体现了企业创立和发展的根本原因，代表了企业的理想和追求。在企业运营的过程中，企业使命应被大部分成员认可并内化为工作动力。同企业愿景一样，成功的企业也会在成立和发展的过程中确定自己的使命，如表1-2所示。

表 1-2　企业使命示例

企业	企业使命
太空探索技术公司（SpaceX）	让人类成为多星球物种
微软（Microsoft）	赋能全球每一人、每一组织，成就不凡
埃森哲（Accenture）	科技融灵智，匠心承未来
华为（Huawei）	把数字世界带入每个人、每个家庭、每个企业，构建万物互联的智能世界
敦豪（DHL）	让人与人相连，改善人们的生活品质
巴斯夫（BASF）	我们创造化学新作用，追求可持续发展的未来
宝洁（Procter & Gamble）	为现在和未来的世世代代，提供优质超值的品牌产品和服务，在全世界更多的地方，更全面地贴近和优化更多消费者的生活。作为回报，我们将会获得领先的市场销售地位、不断增长的利润和价值，从而令我们的员工、股东，以及我们生活和工作所处的社会共同繁荣
达能（DANONE）	通过食品，为尽可能多的人带来健康
星巴克（Starbucks）	激发并孕育人文精神——每人、每杯、每个社区

企业使命在很大程度上反映了企业的经营哲学，即"企业为什么存在"，并将企业利益与社会发展联系在一起，凸显了企业在社会中独特的生态地位，展示了企业对社会的价值。企业使命的确立有助于企业理解自己在社会生活中扮演的角色，找到适合自己的商业赛道，保持行业内的竞争优势。具体而言，企业使命具有以下几个方面的作用。

（1）强化员工的归属感

企业使命能增强员工对公司的认同和理解，让员工产生独特的归属感和认同感，助力员工提高工作效率，创造更多价值，为企业使命的完成持续努力奋斗。企业使命可以提升团队的凝聚力，打造积极团结的员工群体，发挥"1+1＞2"的力量。

（2）推动企业品牌塑造与企业声誉传播

企业使命能推动品牌形象的塑造和企业声誉的传播。拥有导向明确、易于理解的企业使命的企业更能获得合作伙伴与消费者的信任和关注。当企业贯彻执行企业使命，履行企业义务时，不仅容易获得客户的支持，还能有效提升企业自身的知名度，从而提高企业的竞争力和市场地位。

（3）指引企业未来的发展方向

企业使命能在企业发展过程中起到指引作用。它可以帮助企业明确自身的目标和方向，让企业不受市场乱象的干扰，做出符合企业定位的正确决策。企业使命还可以帮助企业确立战略目标和长期规划，确保企业发展方向不发生偏移，实现更大的社会价值。

1.2.3 价值观：企业发展的精神支柱

企业价值观是指企业在履行企业使命的过程中推崇的根本观念和奉行的基本准则。企业价值观能够指引企业在不同的市场环境中行动和决策，以实现企业愿景和企业使命，回答了"企业怎么去"的问题。

价值观反映了人们对客观世界的主观认识，是人们辨析判别能力的最高表现，并在人们的生活实践中得以体现并不断深化，改变人们对世界的认知。价值观对人的行为有直接驱动性，人们的行动往往受到自身价值观的制约和限制。同样，企业的发展是全体成员努力的结果，因此必须建立符合企业发展和员工诉求的价值观体系。

企业价值观是企业所有成员价值观的汇集和凝聚，是个体对企业认知的集合，而不能直接将创始人或管理层的价值观作为企业价值观。企业价值观还需要定义成员当下和未来的工作方式、发展路径与行为原则，是一个不可分割的系统的观念体系。价值观是思想认知的深刻体现，也是行为处世的根本指导。个体做出符合群体价值观的行为后能够得到群体的正向反馈，而个体的行为也会直接驱动组织向前发展。两者互相影响，不断强化价值观体系，塑造出整体和个体统一的行为逻辑。

企业的核心价值观是企业文化的根基，会影响企业战略规划、团队凝聚力和集体责任感。核心价值观是企业全体成员都必须坚持和遵守的原则、底线和行为边界，也是企业实现理想、完成目标的重要保障。核心价值观建设能够为企业构筑适合发展的文化氛围，如果企业忽视核心价值观的建设工作，那么极有可能陷入无秩序、无信仰的混乱境地，无法实现良性发展。

企业价值观是根据企业自身的愿景和使命等因素构建出来的，这些因素涵盖了企业的核心理念和根本目标，是企业使命和企业责任的集中体现。企业价值观需要在企业内部全面传播，从上层决策者到直接执行部门都要形成对企业价值观的广泛认同，以确保相关政策的实施和运行。通常情况下，企业价值观的内容十分多元，主要包括以下几点。

- **客户地位**：把客户的需求和满意度放在首位，创造能够让客户满意的商品和服务，并尽可能提供超越客户期望的产品。
- **诚实守信**：推行诚实守信的原则，奖励诚信行为，并处罚失信行为，让诚信深入每个员工的心中。公司在内要与员工确立长期持久的劳动契约，在外要与合作伙伴建立可靠稳定的合作关系。
- **社会义务**：企业应尽到和自己能力相匹配的责任与义务，比如关注环境保护和社会福利等，体现企业的社会价值。
- **团队协作**：最大限度地发扬每个员工的长处，鼓励部门团结协作，共同实现企业愿景。

企业价值观是企业发展的精神支柱，是推动企业前进的动力源泉。企业价值观也是企业文化的重要组成部分，能增强员工的凝聚力和归属感。同时，企业价值观体现了企业独一无二的品牌特征，能让企业在行业中保持自己的鲜明特色，推动企业形象的塑造和品牌价值的提升。

1.3 ▶ 企业文化建设的框架思路

1.3.1 企业文化建设的四个阶段

企业文化在一定程度上决定了企业的市场竞争力。一家成功的公司，如世界500强中的微软、惠普等，其企业文化中一般都有着值得借鉴的独特优点，使其他企业能够从中受益，不断深入发展。可以说，资金与技术会随着企业规模的扩大纷至沓来，但成功的企业文化却是至关重要且很难复制的。企业文化建设大致分为四个阶段，如图1-5所示。

（1）不自觉地创造文化

企业在建立和初步发展的过程中，会逐渐形成一些不成文的运营理念和规定。这些理念与规定往往比较符合员工特性，虽不系统，也未经推广，但却为团队成员所普遍认可。在这个阶段，企业文化还只是一种能够彰显企业气质的精神价值，源自企业发展过程中的重要事件或典型案例。在这些事件或案例中，企业成员面对利益冲突时占据的立场和解决矛盾的方法都能体现企业的价值观念，这些观念是企业文化的雏形。

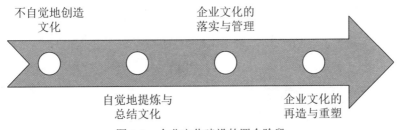

图 1-5　企业文化建设的四个阶段

（2）自觉地提炼与总结文化

企业在经过初步的发展取得了一定的成就，组织团队和产业都具备了一定的规模后，就需要对上一阶段成功的要素及时进行总结，如使用了哪些有效的工作方法，遵循了什么样的行为准则等，这些要素因具有普遍价值而可以被推广学习。不只如此，企业规模扩大后，会吸纳很多新成员，初始成员与新成员的工作理念与方法可能会发生冲突，影响工作成效。如果不尽快形成统一的价值认同，企业将变成一盘散沙。

在这个阶段，对企业文化进行一次深入梳理是非常有必要的。梳理的过程是集体的、自觉的，能够将企业文化从不成文的规定中提炼出来，成为系统的、具体的价值共识。

（3）企业文化的落实与管理

随着企业的发展，组织规模继续扩大，团队结构日益多元，上一个阶段提炼出的价值共识需要在一个更大的范围内落地并实施，这将对企业文化的传播和价值观念的传达提出新的要求。根据已有的实践情况，企业文化的落地应该遵循先易后难、由内而外的原则，还应完成以下两个步骤。

① 建设企业文化传播的渠道和平台。企业首先要有一个联通内外、联系上下的传播平台。联通内外，就是要在企业内部提升员工凝聚力，在企业外部有效传播品牌形象；联系上下，就是让普通员工有机会和企业高层平等交流、提出

意见。实践证明,信息共享、榜样公示、活动建设等方面的传播平台是不可缺少的。

② 价值观的鉴别与管理。企业员工拥有基本的价值共识后,就需要对企业内部的价值观进行鉴别与管理。关键在于三个方面:挑选与企业价值观念基本吻合的人才,定期考查员工的价值观念是否与企业一致,纠正不正确的价值取向并朝正确方向上引导。一方面,考查人才的价值观能够使企业的员工在价值理念上与企业尽量接近;另一方面,员工的价值观念与企业接近也有利于企业文化的落地。

（4）企业文化的再造与重塑

在变幻莫测的市场环境中,企业文化并不存在一个固定的最优解,因此企业文化的建设永无止境。领导者必须针对具体环境不断分析总结,而不是得出阶段性的答案后便坐享其成。一成不变的企业文化就像一潭死水,既片面又容易被淘汰。因此,企业文化的内涵必须不断推陈出新。一个成功的企业应该是居安思危的,企业上下对自身所处的环境和进一步发展的需求都有着清晰的认识,只有这样才能系统地更新观念,重新塑造文化,让企业文化"活"起来。

建设企业文化是一个从实践中总结理论,又从理论回归实践的过程。而落实企业文化正是利用实践中总结的企业文化来指导日常工作,其结果又形成反馈,更新现有的企业文化,各个环节有条不紊,才是塑造企业文化的理想节奏。在这个过程中,还要坚持企业的核心价值观念,避免在企业文化的建设过程中出现重大偏差。

1.3.2 企业文化建设的基本原则

随着企业的不断发展,建设企业文化的重要性也日益凸显,企业文化的建设会逐渐成为企业正常运营的一个环节。企业文化应从领导者倡导的理念推广为员工知晓的概念,逐渐过渡为全体员工所认同的一种信念,并最终成为员工奉行的准则,成为一个独立的体系。企业文化从推广到最终落地的过程,应该是向制度化、机制化靠拢的过程。具体来说,应该遵循以下几种原则,如图1-6所示。

（1）以人为本

企业文化本就是企业价值观的人格化,企业价值观是企业文化的核心,因此企业文化的建设也应该做到以人为本。以人为本就是以人为核心和出发点，让员工参与民主管理，尊重人的价值，调动其积极性，实现人和企业的共同发展。

图1-6 企业文化建设的基本原则

① 让员工参与管理。员工既是企业的主体，也是企业文化的建设者与表达者。必须让员工参与管理，调动其积极性，让员工把自己当成企业的主人。只有这样，员工才会以企业的期望严格要求自己，落实企业的价值观念。员工在企业运营中涌现的观点、思想、行为是企业文化的源泉，让员工参与管理，也有利于企业文化的再创造。

企业要让这个发扬民主、集思广益的过程变成一个系统的程序，激励员工为企业做贡献，增强员工的主人翁意识。将员工的自觉与企业意识紧密相连，将企业的目标推广为全体员工的奋斗方向。如此，员工经过努力实现了自我价值，企业也因为员工的奋斗获得了良好的效益，真正实现了员工和企业的共同发展。

② 关注员工个人的发展。员工为企业工作，企业也应该帮助员工实现自我价值，为员工谋求发展进步。企业内部的晋升通道顺不顺畅，决定了员工的个人发展是否顺利。员工的个人发展顺利，就能随着企业的进步而进步；员工的个人发展受阻，就可能会将目光投向企业外，这对企业来说，就意味着离职风险和培养成本的增加。企业要想留住员工，就必须关注员工的发展，除了设置合理的薪酬和福利待遇外，还要拓宽员工的成长道路，让企业成为个人发展的平台。

③ 保障员工的合法权益。企业要保证分配机制的公平、公正、公开，要确保员工维护自身权益的途径畅通无阻，让员工能够有效表达诉求；还要注重矛盾的调解，以促进企业内的制度公平，保护员工在政治、经济、社会、文化等方面的合法权益。

（2）领导参与

企业文化在某种程度上就是企业家文化，具体来说，就是企业家所拥有的管理理念在精神上的升华。企业文化的建设，实际上就是企业家作为倡导者，将自身所拥有的理念、精神推广到全体员工中，使之成为整个企业的共有价值的过程。这不但要求领导者的理念必须领先于员工，还要求领导者有能力让自己的理念为员工所接受，最终转化为企业的价值观念、管理机制、行为准则。这又对领导者提出了以下几个方面的具体要求。

① 学习企业文化的相关知识。企业的领导者决定着企业文化建设的走向，企业文化必须经过领导者的归纳总结才能最终形成。因此领导者必须负起责任，学习教材、查阅资料、考察成功范例、增进对理论与实践的了解，提高自身素质。企业的各级领导都要发挥带头作用，在企业文化的建设中积极应用相关知识，并做出成果，成为员工的榜样。

② 率先垂范，推进企业文化建设。企业领导者要成为员工的榜样，靠的不是领导者的特权，而是利用自己的影响力，以身作则，在实践中体现极高的文化修养与专业技能，以积极向上的面貌感染他人，发挥示范作用，推动企业文化的建设。

因此，领导者需要以身作则，用出色的表现带动良好企业氛围的形成。这对领导者的具体要求是：明确自身的定位，勇于承担责任，善于集思广益、推己及人，能调动员工的积极性，发挥其想象力，为企业文化的建设添砖加瓦。

③ 继承与发扬优良的企业文化传统。领导者要深入实际环境，认真调查研究，充分了解原来的企业文化，取其精华，去其糟粕，提炼出积极向上的部分，构建独特的企业文化体系。

（3）讲求实效

企业文化必须服务于企业的经济活动，即要帮助企业提高生产力，获得良好的经济效益。要发挥企业文化的作用，维持企业正常运营，就要做到以下两点。

① 从实际出发切实解决问题。企业文化的建设必须围绕解决实际问题展开，以价值观念为导向，针对实际发展中的重点难点重新设计工作流程，细化管理，深化改革，改变组织形式，合理分配资源。摒弃阻碍企业发展的旧体制，建立自主、规范、高效的新体制，在切实解决问题的基础上完善企业文化体系。

② 坚持以用户为中心的经营理念。主动分析客观形势，把握市场的变化规律，关注市场的新情况、用户的新需求；围绕用户的需求重新组建管理体系，将企业各部门紧密联系起来，加强部门内外、上下层级的协作；提高综合服务水平，为用户带来良好的体验；注重创意开发和服务营销，扩大企业基本盘。同时对品牌形象塑造过程中形成的经验进行分析总结并加以宣传，推广成功范例，

供以后学习参考，以提高企业的管理水平，让企业真正受益于企业文化体系的建设。

（4）统筹协调

建设企业文化是一个长期的、循序渐进的过程，必须做好长期奋斗的准备。随着企业文化的建设，企业的文化体系会越来越复杂，因此必须运用系统论的方法，研究各类企业文化的共同特征，探究其原理，建立量化模型，并在此基础上进行程序设计，兼顾整体与细节，明确各阶段目标，并逐步落实。

整体设计上必须做到统一。要保证企业理念、价值导向、行为准则等方面统一，进而营造企业整体的氛围，塑造品牌形象；还要保证方向与时间的一致，要统一管理，统一落实。又因为企业各部分的地理位置、发展程度、市场环境方面都不尽相同，必须在统一的指导思想下结合自身的情况具体问题具体分析，根据客观形势、团队组成、地域特点等，有选择地建设基层企业文化，彰显自身的特色，做到整体与分支相结合，大文化与小文化共通。

1.3.3　企业文化建设的主要内容

（1）企业文化建设的基本内容

企业文化建设的基本内容主要包括以下几方面，如图1-7所示。

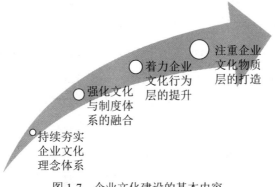

图1-7　企业文化建设的基本内容

① 持续夯实企业文化理念体系。企业应在了解自身各个发展时期特点的基础上，以动态化、开放性的方式构建并持续完善企业文化理念体系，不断提高该体系的竞争力和适应性，与此同时，企业也要总结归纳以往的经验教训，对未来的发展进行规划。通过对标学习的方式获取其他企业的文化建设经验，并在此基础

上建立现代企业价值体系，对自身的文化理念进行创新和升级，将企业文化作为自身未来发展的指引，从而达到借助企业文化来提高组织绩效的目的。

② 强化文化与制度体系的融合。企业应围绕企业文化来建立健全管理制度，以互相融合的企业文化和制度体系为指引，大力推进企业文化建设工作。从实际操作方面来看，企业在进行制度建设的过程中应做好以下几项工作。

- 构建责任型制度，打造良好企业形象。
- 构建学习型制度，提升企业发展活力。
- 构建执行力制度，增强团队行动能力。
- 构建市场型制度，提升企业经济效益。
- 构建创新型制度，推动企业管理变革。
- 构建幸福型制度，增强团队凝聚力。

企业应推动企业文化与制度互相融合，对与企业文化价值相悖或偏离企业文化价值的制度进行调整，并针对企业文化建设工作建立相应的专项制度，充分发挥相关机制和体系的作用，提高企业文化建设的持续性和全面性。

③ 着力企业文化行为层的提升。在企业文化行为层的提升方面，企业需要制定相应的计划和实施方案，并按部就班地落地执行，同时也要设置评估环节，对具体落实情况进行评估。不仅如此，企业还需不断增强员工的创造力，引导员工充分认识到自己与企业之间的利益相关性，并利用员工的创造力来驱动企业快速发展。除此之外，企业还应规范员工行为，对优秀的员工行为进行归纳总结，并将这些行为添加到职业道德规范当中，建立健全长效考核机制，充分落实对员工行为的监督和对职业道德的规范工作。

企业需要加强干部队伍建设，构建和完善干部考核评价体系，激励各级干部带领员工理解组织意图，支持员工在深度理解和充分把握组织意图的基础上落实各项工作。与此同时，企业还应树立模范，借助模范人物身上的优秀文化特质感染和激励更多员工，帮助企业员工找准自身发展方向，提高员工在自我提升和行为规范等方面的积极性。

④ 注重企业文化物质层的打造。企业文化物质层的建设主要涉及树立企业形象和优化企业形象两项内容，具体来说，在实际建设过程中，企业应做好以下几项工作。

- 充分发挥新媒体的作用，构建传播范围更广的企业传播平台。
- 创新传播内容，在各个平台传播符合平台调性的内容，以潜移默化的方式影响员工的思想，提高员工对企业价值观的认同度。
- 拓展对外传播渠道，挖掘和利用各类宣传渠道，如党群系统、社会媒体、行业学会、公益慈善活动等，并借此对企业价值观进行全方位、立体化的宣传，打造良好的企业形象。

（2）企业文化持续优化的保障措施

为了达成企业文化建设的整体目标，企业需要采取多样化的措施（如图1-8所示），为企业文化持续优化提供强有力的保障。

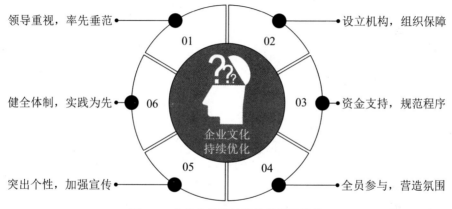

图1-8 企业文化持续优化的保障措施

① 领导重视，率先垂范。企业领导应充分认识到企业文化的重要性，加强对企业文化的关注，并身先士卒，积极发挥带头作用，在思想层面为员工的日常工作提供指引，从而提高员工的配合度，进而获得更好的企业文化建设效果。

② 设立机构，组织保障。企业应专门组建独立运行、向上负责的企业文化建设团队，负责开展各项长期性、系统性的企业文化建设和优化工作，从而在组织层面为企业文化建设提供强有力的保障。

③ 资金支持，规范程序。企业应根据自身实际情况为企业文化建设制定预决算制度，设立相应的专项基金，并加大资金管理力度，提高资金使用的规范性、安全性和高效性。在精神、制度、执行和物质等多个层面确保各项企业文化相关支出的合理性，确保每一笔资金都符合专款专用的要求，进而在资金方面支持企

业文化建设。

④ 全员参与，营造氛围。企业文化建设具有长期性的特点，需要企业所有员工共同参与、互相协作。企业应挖掘和利用员工的智慧，充分发挥全员协作的力量，集成各项个性化的文化元素，并在此基础上营造出良好的文化氛围，驱动企业文化建设。

⑤ 突出个性，加强宣传。企业应充分利用各种有助于企业文化建设的方法、手段和形式，鼓励员工自发参与到企业文化革新当中，增强员工的使命感，支持员工积极履行工作职责，弘扬企业精神。同时，加大企业文化宣传力度，提高内部对企业文化的认可度和外部对企业文化的认知度，力图实现对企业文化的有效宣传。

⑥ 健全体制，实践为先。企业应构建并完善企业领导体制，优化管理模式。领导层应发扬创新精神和实干精神，为员工带来思想层面上的改变，同时也要带领企业员工推进企业文化建设，将企业文化融入自身的一言一行、一举一动当中，加强企业文化的实践和共享。

1.3.4 企业文化建设的实施路径

为了确保企业文化建设的有效性，企业要预先对各项相关工作进行规划部署，提高企业文化建设的组织性和策略性。在整个企业文化建设过程中，统筹和规划环节具有时间跨度大、涉及范围广、内容复杂度高等特点，对于这类长期、复杂且任务量庞大的目标任务，企业需要将其分解为多个阶段性的小目标，降低目标实现难度。

（1）企业文化建设的三个步骤

企业文化建设主要包含组织准备、全面宣导与落地，以及巩固、改善与提升三个步骤，如图1-9所示。

① 组织准备阶段。在组织准备阶段，企业需要完成以下几项工作。

- 设立企业文化管理团队，明确各方职责，建立职责分工明确、分级授权管理的长效机制，确保管理的高效性和协同性。
- 完善企业文化建设管理机制，充分发挥制度体系、监督体系、激励体系和保障体系的作用，在制度和体系层面为企业文化建设提供支持。

- 制定企业文化建设方案。
- 整合企业文化理念，构建企业文化理念体系。
- 普及企业文化常识，让中高层管理者了解企业文化，帮助其充分认识到企业文化建设的必要性和紧迫性，进而从管理层入手，增强企业文化的统一性。

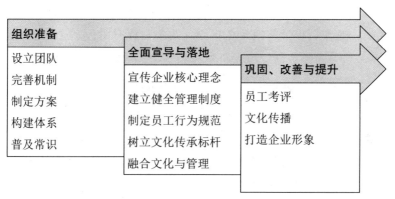

图 1-9 企业文化建设的三个步骤

② 全面宣导与落地阶段。在全面宣导与落地阶段，企业需要完成以下几项工作。

- 以教育培训的方式宣传企业核心理念。企业需要构建企业文化教育培训体系，开展形式丰富的企业文化教育培训活动，加强企业文化教育培训师资队伍建设，优化企业文化教育培训效果管理，进行全方位的企业文化宣传。
- 建立健全企业文化管理制度。企业需要从企业文化理念出发，按计划优化和完善企业文化相关管理制度，在制度层面为企业文化落地提供支持，让企业文化固化于制。
- 制定员工行为规范。企业需要了解员工在企业文化宣传过程中的行为表现，并据此制定对员工来说可接受、可遵守的员工行为规范。
- 树立标杆。企业的领导层应率先垂范，成为企业文化传承的标杆，充分发挥榜样的作用，带领企业员工传播企业文化，确保员工的各项行为与企业文化导向相符。
- 将企业文化和经营管理相融合。企业需要加强企业文化示范班组建设和专项文化建设，实现企业文化项目化管理，推动企业文化与经营管理互相融合。

总而言之，在企业文化全面宣导与落地阶段，企业要加大对企业文化核心内容的宣传力度，帮助所有员工认识和理解企业的愿景、使命、精神和价值观，并加强员工个人价值观与企业价值观之间的联系，提高二者之间的协调性和一致性，将企业文化融入所有员工的日常行为当中。

③ 巩固、改善与提升阶段。在巩固、改善与提升阶段，企业需要以考评的方式激励员工自发将企业文化融入日常行为当中，并以多元化的方式传播企业文化，建立起具有持续改进作用的闭环，从而达到优化企业文化的目的。与此同时，企业也要提高员工的忠诚度、跟随度，以及对企业文化的认可度，以增强自身的凝聚力和竞争力。此外，企业应打造个性化的企业形象，确保企业形象在社会各界的一致性，进一步提高自身的知名度和在社会公众心中的好感度。

（2）企业文化建设的行动路径

在实际行动过程中，一方面，企业应以总体规划为中心对工作任务进行量化和细化处理，将整个执行过程分解成一个个具体可行的步骤，并在每个步骤中明确指出这一步的时间节点和责任人，确保能够达到"目标明确、行动细分、进度明确、责任到位"的要求；另一方面，企业应跟踪任务落实情况，并以周为单位记录相关信息，以月度为单位进行定期反馈，以季度为单位进行分析复盘，同时设立年度目标，提高过程管控的精细化程度。

企业通过工作任务分解的方式将整个企业文化建设任务拆分成多个关键任务模块，再进一步将各个任务模块中的目标的实现方法细化为一项项具体行动，并以表格的形式对各项行动进行拆解，具体如表1-3所示。具体来说，企业应在表格中体现出以下几项内容。

- **交付结果**：明确具体交付要求。
- **完成时间**：可确定行动已结束的时间。
- **责任人**：负责该项行动的人员。
- **完成情况**：基于交付要求的行动结果检验，具有行动质量管理和控制的作用。
- **备注**：行动复盘信息，如行动中的亮点和缺陷。

表 1-3 企业文化建设任务表示例

序号	关键任务模块	工作目标					
		行动细化	交付结果	完成时间	责任人	完成情况	备注
1	任务1	行动1					
2		行动2					
3		行动3					
4		……					
5	任务2	行动1					
6		行动2					
7		行动3					
8		……					
9	……						

企业在表格中填写各项信息时应明确区分具体的行动和交付结果,避免出现将目标要求和具体行动混为一谈的情况。当企业未能分清目标要求和具体行动的区别时,可能会出现填写内容模糊、目标要求不明确等问题,填写错误示例如表1-4所示,在表格中,企业在具体行动一栏中填写的内容为目标要求,且目标要求存在含混不清的问题。

表 1-4 企业文化建设任务表填写错误示例

任务	具体行动	责任人	完成时间
调研报告输出	了解企业文化建设情况,明确企业文化建设规划		

以调研报告输出工作为例,企业在完成这项工作时需要通过调查问卷、访谈结果整理、企业内部管理文件梳理、优秀企业案例学习等方式来确保调研报告的科学性和系统性。具体来说,有效的任务分解表如表1-5所示。

表 1-5 企业文化建设任务分解表示例

序号	关键任务模块	行动细化	交付结果	完成时间	责任人	完成情况	备注
1	调研报告输出	调查问卷、访谈结果整理					
2		企业内部管理文件梳理					
3		优秀企业案例学习					

由此可见，企业在落实调研报告输出工作的过程中，基本能够达到"目标明确、行动细分、进度明确、责任到位"的要求。综上所述，企业在制定任务分解表时应认识到以下两项要点。

- 明确工作目标和具体行动的区别，将任务拆解成一项项行动，并确保各项行动的可行性。
- 逐层展开行动分解工作，以表1-5中的"调研报告输出"为例，企业可以进一步将其拆分成更多更加详细的行动，如方案讨论、方案撰写、方案审核等。

任务分解应以遵循基本逻辑为前提，以标准工作计划表为基础，它通常具有精细化管理和控制工作任务的作用，同时也能够防止企业文化建设与规划路线相偏离，提高任务推进全过程的清晰度，因此企业也可以借助任务分解来提高任务执行效率和企业文化建设的有效性。

1.4 基于关键要素的企业文化模型

1.4.1 共同语言

企业文化的外在表现形式包括企业的制度规范、行为模式、文化氛围等，内在含义是企业全体员工所拥有的共同的价值观和理念。建设企业文化的最终目标是用它来有效指导企业的生产经营实践。虽然企业文化作为企业的精神资产，是无形的，很难直接进行观察研究，但我们可以通过企业文化的关键要素对其进行研究，将关键要素作为文化载体来观察企业文化的各种外在表象，并深入了解企业文化的深层内涵。

国外众多学者在准确掌握企业文化的关键要素方面做了许多有益的探索，以下是一些具有代表性的成果。

- 麦肯锡的文化7S模型列出了结构、员工、技能、战略、风格、制度和共同的价值观这7个关键要素。
- 约翰逊（G.Johnson）与斯科尔斯（K.Scholes）的企业文化网络模型强调范例、故事、符号、权利结构、常规工作和仪式、控制系统及企业结构这7个企业文化要素。
- 约翰·卡伦（John B. Cullen）提出的企业文化要素主要包含价值观、规范、角色、环境、行为、性别关系、权力距离和关系等，这些要素的提出主要基于新员工对企业文化的认知。
- "企业文化理论之父"埃德加·沙因（Edgar H. Schein）认为结构、流程、目标、故事、章程和使命、信息控制系统等要素都蕴含着丰富的企业文化信息。

上述各理论的共同点是，它们都是由企业内部存在的各种现象切入，进而研究企业文化的深层次假设。根据以上理论与相关企业文化咨询实践，可以总结出一种通过研究关键要素来识别企业文化的方法，这些关键要素主要有以下7个（如图1-10所示），下面我们逐一对其进行介绍。

企业文化与组织心理学领域的开创者和奠基人埃德加·沙因认为，群体的共同语言是其内部关键意识形成的重要来源。这种共同的语言最初源于群体中的领导者或活跃分子的言语或行为，随后逐渐演变为群体中的共同语言。随着时间的流逝和群体的发展，在以往共同语言的基础上，成员会赋予某些词新的含义。在

图1-10　企业文化的关键要素

这个过程中，一些关键词语凝结了群体文化的深层内涵，成为群体文化的载体。企业共同语言的形成与上述过程相似，共同语言承载着企业的文化理念，蕴藏着企业的核心价值观。

我国某合资企业要求所有员工在工作交流时要使用"我们"而非"我"，这看似是语言上的细微差异，实则是对团队协作精神的鼓励，这种做法注重集体的成果，能够帮助员工养成以企业目标为重的行为模式。若企业没有规定与强化这一共同语言，则有可能会造成部分成员过于关注自身成绩，倾向于展示"我"，部分成员注重团队，强调"我们"。这样会导致企业利益与个人利益产生矛盾冲突，阻碍企业发展。

企业若想形成真正的文化凝聚力，就要保证内部成员对企业文化具有统一认知，而统一认知的形成依赖于企业的共同语言。所以，企业要维护好内部的共同

语言,并尽可能地对其进行全方位、深层次的解读,使其浅显易懂、便于传播。这样,在新员工初入企业时,可以快速理解并掌握企业文化,以免其对企业文化产生误解。因此,研究共同语言有助于了解企业文化,通过对共同语言的阐释可以揭示企业文化的深层内涵。

企业内部共同语言的形成主要有两种方式,一种是企业管理层主动构建,另一种是企业成员在工作中自然形成。在这两种方式形成的共同语言下,员工的行为可能与共同语言趋同或不同。若趋同,则说明企业的共同语言与文化理念体系相吻合;反之,则表明两者间存在冲突或相违背。共同语言、企业现象及其反映的深层假设如表1-6所示。

表1-6 共同语言、企业现象及其反映的深层假设

共同语言	企业现象	反映的深层假设
企业有意识建立的共同语言	员工行为趋于一致	共同语言与企业倡导的价值观一致
	员工行为不一致	共同语言与企业倡导的价值观不一致
企业成员无意识形成的共同语言	员工行为趋于一致	共同语言与企业倡导的价值观一致
	员工行为不一致	共同语言与企业倡导的价值观不一致

1.4.2 流程

流程可以体现企业在授权、优先权及控制等方面的战略决策。企业的流程或是以习惯的方式流传下来,或是以文字的形式固定下来,对于企业流程的分析,有助于了解企业的管理思路与方法,掌握员工的行为模式,并由此推测企业深层的行为逻辑与管理模式。观察流程事实上就是在观察企业员工怎样做事,由此得出企业如何做事的基本假设。

企业的流程主要包含决策流程与业务流程。了解企业的决策流程,能够进一步掌握企业的发展战略与领导者的主要思想。譬如,企业在进行校园招聘或社会招聘时,有无标准招聘流程、有无特殊原则、受聘人员的最终审批由何人完成等,都可以体现出企业的文化理念。了解企业的业务流程,可以明确企业在发展中最重视的因素是什么,可以有效促进相关部门间的配合与协作,提升企业的生产效率,可以通过优化业务流程来对员工的行为模式进行规范。

除此之外,从企业的流程中也可以观察到企业的授权模式。若一个企业的业务

流程不清晰，那么企业的管理可能比较"中心化"；若企业的做事流程明确，那么其可能倾向于"去中心化"。流程、企业现象及其反映的深层假设如表 1-7 所示。

表 1-7　流程、企业现象及其反映的深层假设

流程	企业现象		反映的深层假设
书面制定的流程	执行到位		成员对核心价值观共识程度高
	执行不到位		成员对核心价值观共识程度低
约定俗成的流程	执行到位	轻易改变	成员对核心价值观共识程度低
		不轻易改变	成员对核心价值观共识程度高
	执行不到位		成员对核心价值观共识程度低
流程的制定原则	给员工宽松的空间		企业对员工的假设是 Y 理论（员工有积极的工作源动力）
	对员工严格控制		企业对员工的假设是 X 理论（员工有消极的工作源动力）
设立流程的领域	财务 / 生产 / 人力资源 / 研发		重要的环节和职能岗位

1.4.3　优先权

所谓"优先权"，指的是企业按照资源分配、业务流程确立的一种先后顺序，即在规定时间内和有限条件下，某个领域或某一部分具有优先做事的权利，其包括但不限于奖励、处罚的优先，分配资源的优先等。优先权对于企业而言，是一项有力的行为规则，可以为员工树立鲜明的行为导向，并对其行为进行约束与规范。所以，了解清楚企业的优先权有助于对企业文化进行深入探究。

我们可以从以下四个方面来了解企业的优先权，如图 1-11 所示。

① 企业的优先权存在与否。若企业内部存在优先权，则说明企业具有较为清晰的资源分配规

图 1-11　了解企业优先权的切入点

则；反之，则说明缺少相应规则，那么企业内部的重大战略决策也容易出现问题。

② 企业的优先权明确与否。若企业的优先权与其对外公开的规则不相同，企业内部就很难达成统一的思想，内部员工也会出现认知模糊与行为混乱，会对企业的发展造成负面影响。

③ 企业的优先权与自身的文化理念一致与否。明确企业的优先权在企业发展中的作用是什么，是规范成员行为，还是服务成员发展。

④ 企业人力资源优先权的有无。作为企业文化的关键载体，人力资源的重要性不言而喻，若企业该项优先权不够清晰明确，员工会在这一方面劳神费力，势必会对企业的正常运行造成不利影响；相反，明确的人力资源优先权可以降本增效，提高企业生产效率，并为员工行为提供明确导向，激发其工作热情与积极性。人力资源优先权可以激励与监督员工行为，为员工提供正确的行为导向。

企业在运营的过程中常常会面临诸多选择，但资源是有限的，所以企业一定要明确各领域的优先权，合理分配内部的核心资源，将关键、稀少的资源投放于最能够产生效益的领域。优先权、企业现象及其反映的深层假设如表1-8所示。

表1-8 优先权、企业现象及其反映的深层假设

优先权	企业现象		反映的深层假设
资源分配的优先权	资源向哪些部门倾斜		什么最重要
企业制定制度的优先权	严格化企业		对员工的假设是X理论
	人性化企业		对员工的假设是Y理论
奖惩的优先权	奖惩的领域		企业认为重要的领域
	奖惩对象	团队奖惩	企业强调公平性
		个人奖惩	企业强调激励性
	奖惩方式	物质奖惩	企业内部是工作导向
		精神奖惩	企业内部是员工导向
提拔员工的优先权	能力优先		企业内部是结果导向
	忠诚优先		企业内部是过程导向
优先权是否明确	优先权明确（公开）		企业崇尚授权
	优先权不明确（黑箱）		企业崇尚分权
职能的优先权	监督职能		企业崇尚严格控制
	服务职能		企业崇尚人性化管理

1.4.4 结构

在麦肯锡7S模型中，企业结构是7个关键要素之一。在这一模型中，麦肯锡公司认为企业结构不仅仅是企业的构成形式，更是企业机制产生的重要根基。作为企业文化的一个关键要素，企业结构可以从某些方面展示出企业的文化理念。

在了解企业结构时，首先要认识柔性结构与刚性结构这两个概念，如图1-12所示。

图 1-12 柔性结构 vs 刚性结构

- **柔性结构**：注重扁平化管理，通过充分运用各种数字化技术来加强对员工的管理，不断拓展各类信息沟通交流的渠道，以增强企业文化对环境变化的适应性。
- **刚性结构**：强调层级与规范化管理，倾向于"等级式"的管理构架，注重企业文化对成员的认知、行为等方面的强制约束，其主要特征是内部结构稳固、职能明确、责任清晰。

企业结构的柔性强可以反映出，企业的结构与规则对成员的约束性与规范性较差，企业更加注重成员的自主性，因此成员发挥主观能动性的空间较大，不过这类企业可能会存在较多的暗箱操作。相对而言，企业结构的刚性强可以反映出，企业的开创者与管理层在构建企业结构时比较注重制度与规范，注重成员对制度规则的遵守，所以企业结构和规则具有较强的权威性，企业成员自主发挥的余地不大，但这类企业中的暗箱操作比较少。

综上所述，了解企业结构可以有效掌握企业文化的重要理念。除此之外，通过深入分析企业结构的构建与企业核心职位的设立，有助于摸清企业文化的深层内涵。企业结构、企业现象及其反映的深层假设如表1-9所示。

表 1-9　企业结构、企业现象及其反映的深层假设

企业结构	企业现象	反映的深层假设
柔性结构	网络型企业、扁平化企业	发挥企业成员主动性
刚性结构	层级结构、官僚型企业	严格控制企业成员行为
结构设计原则	人人有事做	强调公平
	事事有人做	强调效率与结果
在企业结构中参谋的实际作用	实际作用是秘书	参谋，不能参与决策
	实际作用是助理	参谋，可以参与决策
在企业结构中副职的主要作用	监督正职	对正职不信任，对正职的假设是X理论
	协助正职	对正职信任，对正职的假设是Y理论

1.4.5　授权

　　企业可以通过授权来管理企业成员行为。授权能够从深层次上反映企业文化理念在企业中的存在，例如从请示汇报、信息传达、执行顺序等规则与行为导向中可以窥见企业在流程建设、团队搭建等方面所展现的价值观念与信念体系，体现出企业对信息、团队与流程等的基本假设。

　　文化管理需要企业对成员进行授权，这是时代发展的内在要求，也是企业成员个性化追求下的必然趋势。从我国几千年来的政治与文化发展来看，企业通常习惯采用中心化管理模式，而这是与时代发展相悖的。所以，企业一定要找到恰当的方式来调和两者之间的关系。授权、企业现象及其反映的深层假设如表 1-10 所示。

表 1-10　授权、企业现象及其反映的深层假设

授权	企业现象	反映的深层假设
群体决策还是个人决策	团队有领导（个人决策）	企业倾向于更多授权
	团队无领导（群体决策）	企业倾向于更少授权
上级在授权之前信息是否共享	信息共享	企业倾向于更多授权
	信息不共享	企业倾向于更少授权
下属请示汇报与行动的先后顺序	先行动，再请示汇报	企业倾向于更多授权
	先请示汇报，再行动	企业倾向于更少授权

授权	企业现象	反映的深层假设
上级有无对直接下级的任命权	有	企业倾向于更多授权
	无	企业倾向于更少授权
执行权与监督权是否合二为一	合二为一	企业倾向于更多授权
	分离	企业倾向于更少授权

1.4.6 制度

企业不仅需要制度，而且在建立与落实企业制度时还要使其与企业的文化理念有机融合，使得企业制度既可以对内部成员的行为产生约束和规范作用，又可以揭示企业文化的深层内涵。

企业在制定规则制度与采取执行措施时，通常会有两种倾向，即严格执行还是人性化执行。无论是制度的制定还是执行，其实都会面临以上两种选择。如果企业设立了严苛的规章制度，那么在执行时是否需要加入人性化因素，还是需要严格按照制度要求？企业到底应该设立怎样的制度，又该如何推进落实？这些问题都牵涉到企业的愿景、使命和价值观，体现的是企业文化的深层逻辑。

1.4.7 会议

会议也是企业文化的载体，可以体现出企业文化的深层内涵。无论企业规模如何，都需要适时召开会议，不管哪种形式的会议，都可以反映出企业的文化理念。值得注意的是，会议这一关键要素有其自身的独特性，通过它能够揭示共同语言、优先权及授权等多个要素所蕴含的企业文化。会议、企业现象及其反映的深层假设如表 1-11 所示。

表 1-11 会议、企业现象及其反映的深层假设

会议	企业现象	反映的深层假设
会议主持人占用时间	占用时间多	对员工授权更少
	占用时间少	对员工授权更多
会议结果是否取决于强势领导人	因强势领导人而定	更强调个人决策
	不因强势领导人而定	更尊重决策程序

续表

会议		企业现象	反映的深层假设
会议内容		市场/技术/人才招聘等	哪个领域最重要
会议过程中的时间观念（开始、结束、议程）	准时		领导者和员工对时间的假设一致
	不准时		领导者和员工对时间的假设不一致
会议决议		很大程度上能够被执行	员工对会议结果认同感强
		很大程度上不能被执行	员工对会议结果认同感弱

第 2 章

企业文化的诊断与评估方法

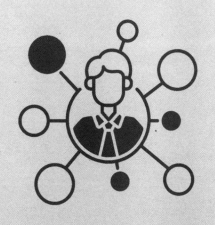

2.1 企业文化诊断的原则、内容与实施步骤

2.1.1 企业文化诊断的基本原则

在企业文化建设以及企业发展的过程中，企业文化诊断具有十分重要的意义。企业文化诊断会对企业的发展历史、现实契机和行业发展态势等产生一定的影响，比如，在企业文化诊断的过程中，可以从文化层面进一步挖掘和研究自身的发展历史，并分析和明确未来的发展方向。

企业文化诊断有助于提高企业对员工文化素养、价值观念和行为模式等的要求的合理性。在企业文化诊断过程中，企业可以评估自身当前所拥有的文化基础资源，获取与企业文化塑造相关的支持。此外，企业文化诊断可以帮助企业进一步深入分析企业文化建设过程中出现的不利因素和各种问题，从而对企业文化进行全方位的优化升级。

在企业文化诊断的过程中，企业可以明确企业文化塑造思路，并在此基础上对企业文化进行创新和优化，逐步解决企业文化建设中存在的各类问题，强化自身在企业文化建设方面的优势。

总的来说，企业文化诊断需要遵循以下几项原则，如图 2-1 所示。

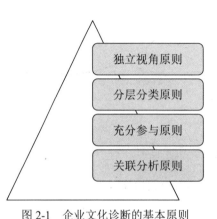

图 2-1 企业文化诊断的基本原则

① 独立视角原则。企业应站在第三方的角度上，利用专业化的流程和方法来推进文化诊断评估工作，并在不受他人及自身思想情感和信仰等因素影响的前提下，根据自身的未来发展战略对各项相关观点和结论进行深入分析，充分确保评估结果的客观性和公正性。

② 分层分类原则。企业在进行文化诊断和评估时应全方位考虑各个层级的管理人员

和各个业务部门的工作人员对企业发展、企业文化等内容的理解情况,了解各个地域和下属机构的文化及文化诉求。

③ 充分参与原则。企业在进行文化调研之前,应先采集并分析大量来源于不同层级、不同类型的人员的信息样本,充分确保各项样本的代表性,从而提高调研结果的准确性和有效性。

④ 关联分析原则。企业在进行文化诊断和评估时应综合分析各个业务环节以及经营管理、制度流程、机制运行等内容,并利用文化诊断的论据来推导出结论,强化论据与结论之间的联系。

企业文化诊断是企业对自身企业文化的全方位总结归纳,也是企业进一步开展企业文化塑造工作的基础,在企业文化塑造和企业文化建设方面发挥着承上启下的重要作用。

2.1.2 企业文化诊断的主要内容

企业文化是企业发展过程中不可或缺的关键要素,能够在一定程度上为企业实现全面发展提供支持。因此,进行企业文化诊断尤为重要,具体来说,企业文化诊断主要包含以下几项内容,如表 2-1 所示。

表 2-1 企业文化诊断的主要内容

内容	具体说明
经营战略诊断	是指对企业实施的经营战略的考察。在企业经营战略诊断过程中,相关工作人员需要找出企业所实践的经营战略并评估该战略对企业长期发展的影响
组织结构诊断	是指对企业当前的组织结构和部门划分的合理性以及企业的组织结构对企业规模扩张和企业变革的影响等内容的评估
制度体系诊断	是指对企业的基础管理相关规章制度的完善性的衡量,对企业的制度体系与发展目标之间关系判断和对企业提高系统运行效率的方式的考察
管理流程诊断	是指对企业各个职能管理部门管理运作有效性的评估以及对管理运作需求和管理运作方法的分析
业务流程诊断	是指对企业的生产部门、销售部门等各个业务部门业务流程的考察。相关工作人员可以借助业务流程诊断找出业务流程中存在的问题,并在此基础上分析业务流程再造需求,根据实际情况对业务流程进行优化调整

企业文化推广和企业文化实施均与员工行为之间存在密切关系，员工行为应符合企业的核心价值观且对企业达成愿景和目标有促进作用。对企业来说，企业文化与员工之间的有效融合体现在员工的工作状态、精神面貌和日常行为等方方面面。为了确保员工与企业文化实现有效融合，企业需要加强人力资源管理，从选人、育人、用人和激励人等多个方面入手，提高员工行为的达标率。

人力资源管理是有效推动企业文化建设、推广、实施和优化的关键，相关工作人员应该在明确企业文化体系要求的基础上，根据当前的企业战略和外部环境对企业文化体系进行优化调整，并将经过优化调整的企业文化体系切实落实到各部门的员工群体当中，以便构建更加符合企业实际情况的企业价值观，获得更好的员工工作态度。

从实际操作上来看，企业可以设计组织文化问卷的样本表和组织文化建设与改革程序的测量表，并利用这两个工具来对检测企业文化建设效果的方法进行分析，明确影响企业文化建设的根本原因和企业的发展定位，以便进一步提高企业文化建设的针对性。

此外，企业可以树立典型模范，并利用适当的培训宣导和合理的奖励机制来充分发挥模范的作用，提高员工的价值观和行为与企业文化之间的匹配度。为了强化自身的竞争活力、提高员工的自信心和对企业的信任感，企业应帮助员工深入了解企业的意识形态和发展战略，打造具有自由、公开和创新等特点的工作氛围，鼓励员工发表自己的见解。总而言之，企业的意识形态和工作氛围能够直接影响企业的活力，而企业的活力也是企业文化诊断中的一项重要参考因素。

2.1.3 企业文化诊断的实施步骤

企业文化诊断需要遵循一定的步骤，具体如图 2-2 所示。

（1）明确诊断目标

企业应从自身实际情况出发，设定掌握文化特点、了解核心价值观、评估文化健康

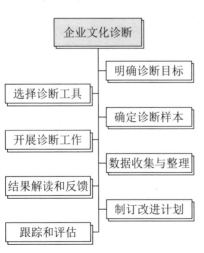

图 2-2 企业文化诊断的实施步骤

度、评估自身与目标文化之间的差距等诊断目标，以便后续进一步明确企业文化诊断的内容和方法。

（2）选择适当的诊断工具

相关工作人员应在明确诊断目标的基础上，根据企业实际情况选择相应的诊断工具，如问卷调查、深度访谈、现场调查等，并据此确定诊断指标。具体来说，相关工作人员既可以通过问卷调查的方式获取相关数据信息，也可以通过深度访谈的方式来掌握企业员工对企业文化的理解和看法等，还可以通过现场调查的方式直接观察员工的行为方式和实践情况。

（3）确定诊断样本

为了充分确保诊断结果的精准性和代表性，相关工作人员在进行企业文化诊断诊断的过程中还需采用全员抽样或分层抽样的方式来确定诊断样本。具体来说，全员抽样有助于全方位掌握企业文化的建设情况，但存在成本支出较大等不足；分层抽样既能够降低成本，也能够在一定程度上确保样本在层级、职能和地域等方面的代表性。

（4）开展诊断工作

工作人员在完成以上各项准备工作后，应据此开展正式诊断工作。比如，工作人员在通过问卷调查的方式进行企业文化诊断时，既可以在线上发送问卷，也可以在线下发送问卷，但无论使用哪种问卷发送方式，都需要设置明确且合理的截止日期；工作人员在通过深度访谈或现场调查的方式进行企业文化诊断时，需要提前确定被访人和调查场景，并制定有针对性的访谈提纲和调查表。

（5）数据收集与整理

工作人员应对采集到的各项相关数据信息进行整理和分析，以便为企业掌握自身文化状况、明确企业文化建设中的问题和优点以及对企业文化建设进行优化调整提供支持。具体来说，可以利用统计软件对各项数据进行分析处理，并在此基础上生成相应的报告；也可以归纳总结所获得的各项文字材料，并从中找出关键信息。

（6）结果解读和反馈

工作人员应从数据分析结果和诊断结果出发制定包含企业文化的优势、企业文化建设中存在的问题以及产生这些问题的根本原因和相应解决方案等内容的诊断报告，并向相关部门报告结果，以便为进一步推进企业文化建设工作提供帮助。

（7）制订改进计划

工作人员应在掌握诊断结果和反馈意见等信息的前提下进一步优化企业文化建设计划，并在充分考虑企业的实际情况和资源限制等因素的基础上，对企业文化建设中的培训和教育、制度和流程优化以及文化建设活动等工作进行调整，同时制订相应的实施方案和时间规划表。

（8）跟踪和评估

在完成企业文化诊断工作后，企业还应继续对企业文化建设的效果和相关改进措施的落实情况进行跟踪和定期评估，并根据评估结果对企业文化的建设方向和建设方式进行优化调整，充分确保企业文化建设活动符合企业当前的实际情况。

2.1.4 基于 GREP 模型[1]的诊断方法

企业文化现状诊断指的是针对企业的战略目标，探索增强企业竞争力的方式方法，找准竞争力提升方向，明确实际行为与理念和计划之间的差距。许多企业利用 GREP 模型来发现企业文化现状与企业竞争力提升需求之间的差距，并在此基础上展开文化诊断工作。

基于 GREP 模型的企业文化诊断示意图如图 2-3 所示。

企业在进行 GREP 竞争力分析之前，首先要对战略现状进行梳理。无论环境如何变化，企业都应确保自身发展战略正确、有效且能够快速适应环境，所以，企业所制定的发展战略应具有动态化的特点。与发展战略不同，企业文化是企业发展过程中所遵循的文化信仰和经营哲学，具有较强的稳定性、连续性和一致性。

---

[1] GREP 模型是进行组织内环境分析的有效工具，是分析企业竞争优势的内生战略分析法，即企业的战略结构由四个部分组成：治理结构（Governance），资源（Resources），企业家（Entrepreneur），产品或服务（Product）。

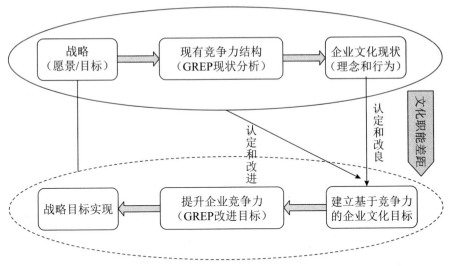

图 2-3 基于 GREP 模型的企业文化诊断示意图

企业文化既可以在企业管理方面发挥作用，也可以为企业落实各项发展战略提供支撑。因此，企业需要建立能够不断增强自身竞争力的企业文化建设目标，以便借助自身强大的竞争力来实现各项战略目标。企业文化力能够决定企业战略力，并通过提高企业战略力的方式来助力企业在竞争中不断取得成功。为了确保实现长期发展，企业需要在企业文化的指引下增强自身的战略性思维。由此可见，企业在推进企业文化建设的过程中必须梳理清楚自身当前的战略情况，具体来说，企业在进行战略梳理时主要需要完成以下几项工作。

- 企业应先明确自身的战略定位，制订科学合理的战略规划、实操性较强的战略行动方案和战略闭环管理机制。
- 企业需要分析自身所处的战略环境，并借鉴外部标杆来进一步明确自身的战略规划和关键经营策略，找出能够支撑自己实现长期发展的关键成功要素和组织核心能力，并充分把握自身的核心战略资源。
- 企业在推进战略管理工作时需要针对具体目标召开战略务虚会、战略研讨会、战略质询会、战略发布会和战略执行回顾会等各类战略明晰研讨会，并通过提高会议效率的方式来支撑战略高效落地。
- 企业需要构建能够有效应对环境变化的战略规划及战略执行保障体系，并充分发挥战略绩效考评体系的作用，衡量战略的有效性和适应性，确保战略既能够落地实施又能够促进企业持续发展,在此基础上了解战略执行对企业文化的要求和企业文化对战略执行的影响。

为了把握影响自身当前竞争力的各项结构性要素,企业需要利用 GREP 模型从治理结构、资源、企业家、产品或服务这四个维度展开对自身当前竞争力的全方位分析,同时也可以在此基础上进一步了解自身当前的企业文化。对企业来说,可以在 GREP 模型的支持下确立有助于持续提升竞争力的企业文化建设目标,不断增强自身的竞争力,以实现各项战略目标。

具体来说,可用于分析企业竞争力的 GREP 模型如表 2-2 所示。

表 2-2　GREP 模型

维度	要素	维度	要素
G (Governance, 治理结构)	股权关系	E (Entrepreneur, 企业家)	企业家
	动力机制		管理团队
	权利分配		后备队伍的培养
R (Resources,资源)	人力资源	P (Product,产品或服务)	行业选择
	资本资源		产品选择
	政府资源		市场定位选择
	品牌资源		竞争方法选择
	客户资源		主要环节的能力及其使用,如生产、研发、销售能力
	网络资源		

① 企业应对自身的治理结构进行分析,明确自身的股权关系、权利分配情况和动力机制健全程度等,并在此基础上确保自身在管理方面的高效性。

② 企业应对自身的人力资源、资本资源、品牌资源和客户资源等资源情况进行分析,明确各类资源在实施企业战略过程中所发挥的作用。

③ 企业应加大对后备人才的培养力度,提高企业家的战略规划能力和管理层的管理能力,确保企业能够沿着正确的方向持续发展。

④ 企业应通过产品或服务来进一步了解行业选择、产品选择和市场定位选择情况,并在生产、研发和销售等多个主要环节充分发挥自身的竞争力。

2.2 ▶ 企业文化诊断与评估的工具模型

2.2.1 沙因文化测评模型

企业文化诊断就是利用企业文化诊断分析工具找出企业文化存在的问题和出现该问题的根本原因。

为了更好地构建和应用企业文化建设体系，企业文化实践者需要具备通过联合或借助外部专业力量等方式科学合理应用企业文化诊断分析工具的能力，同时也要熟练掌握并正确理解各项相关理论框架，能够在各类系统化的研究方法和专业工具的支持下充分发挥自身的企业文化研究能力，并利用自身积累的大量企业文化研究案例和实践经验来对企业文化进行诊断分析。

在沙因文化测评模型当中，文化概念具有抽象化的特点。一般来说，企业在分析自身企业文化对外部环境的适应性和解决内部整合的问题时通常会产生一些假设，而沙因文化测评模型通常会将各个层次的文化视为由多个基本假设组成的模式，通常将运行情况较好的模式看作有效性较强的模式，同时这种模式也是新成员在认识、思考和感受问题的过程中不可或缺的。

沙因文化测评模型通常将文化划分为人为事物、价值观和基本假设三个层次，且这三个层次之间可以相互作用，如图 2-4 所示。

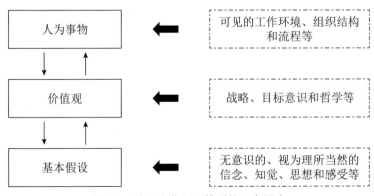

图 2-4 沙因文化测评模型的三个层次

（1）人为事物

文化的初级层次主要涉及人为事物和创造物，这些能够在一定程度上体现出文化所创造的物质和社会环境。对企业来说，可以在初级层次当中对物体的空间布局、团体的技术成果、成员的公开行为和外在表现、文化的书面报告和口头语言等内容进行观察。文化研究离不开符号学的支持，为了明确企业文化的内涵，企业应从符号学的角度对企业文化中的人为事物进行解释。总而言之，人为事物层次的文化具有可观察的特点。

（2）价值观

价值观层次的文化主要涉及战略、目标、意识和哲学等内容，十分重要。不仅如此，成为信念和假设的价值观大多是具有实际效果且能够持续发挥作用的。一般来说，已经被团体成员所接受的价值观既能够为其处理问题提供有效指导，也能够作为组织的准则，并为组织中的各个成员提供精神力量。

对企业来说，当员工的价值观与企业文化的基本假设一致性较高时，企业的凝聚力通常较强；当企业员工的价值观与企业文化的基本假设差异较大时，企业需要建立共同价值观，但即便企业中已经形成共同价值观，也可能存在各个员工的实际行为与共同价值观不符的情况。

（3）基本假设

基本假设是一种问题解决方法，也是人们进一步理解价值观，深入挖掘企业文化，并实现对未来行为精准预测的有效方式，主要包含信念、知觉、思想和感觉等内容，人们可以在掌握不同类型的基本假设的基础上全方位了解企业文化和企业的价值观。

具体到企业的运营中，比如企业的市场销售策划书就是人为事物，策划书所表达的信念就是价值观，企业长期形成的固定化行为模式就是基本假设。企业若要深入了解文化模式，充分把握文化模式的运行过程，就必须先明确企业文化的人为事物、价值观和基本假设。

2.2.2 双 S 立体文化模型

双 S 立体文化模型是罗伯·高菲（Rob Goffee）和盖瑞士·琼斯（Gareth Jones）共同创立的一个用于描述组织社交特点的模型。具体来说，该模型借助

47 道测试题来对组织文化进行描述,并将组织文化划分成 4 种基本类型,同时分析这四种文化对企业发展的影响。

一般来说,组织文化可以从不同的维度被划分成多种类型,双 S 立体文化模型根据组织的社交性(Sociability)和团结性(Solidarity)两项特性将组织文化划分为四种基本的文化形态:网络型(Network)、图利型(Mercenary)、散裂型(Fragmented)和共有型(Communal),具体如图 2-5 所示。

(1)网络型

网络型的组织文化具有社交性强、团结性弱的特点,拥有这种文化的组织通常能够形成更加轻松活跃的组织氛围,组织内部成员之间的关系较为和睦,成员间均可互帮互助,且大多数成员对组织的忠诚度、认同感和归属感较强,能够以更加和谐且无拘无束的方式来推进各项工作。

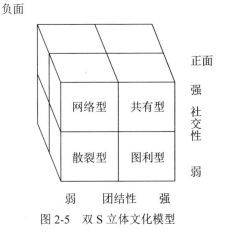

图 2-5 双 S 立体文化模型

但这种组织文化也会给组织带来不利影响,如易出现成员抱团和形成非正式派系等问题,导致成员对其身处的非正式派系或团体所抱有的情感远超对组织的感情,并与其他成员之间形成较强的同理心,进而造成组织管理和沟通的难度升高,同时也会影响组织实现总体目标。

(2)图利型

图利型的组织文化具有社交性弱、团结性强的特点,拥有这种文化类型的组织通常具有严格的规章制度,组织内部成员大多具有较强的行动力和较高的工作热情,且十分重视组织目标和绩效,成员之间会围绕工作展开直接、具体、高效、正式、程式化的沟通。

但与此同时,图利型的组织文化也会在一定程度上削弱成员之间的情感联系,导致成员容易因自身利益而牺牲其他成员的利益,进而造成成员之间的信任度不足,离职率较高,稳定性较低。

(3)散裂型

散裂型的组织文化具有社交性弱、团结性弱的特点,拥有这种文化类型的组织大多拥有较为松散的工作氛围和较强的创新精神，组织内部成员对平等、自由、个人价值的重视程度较高，且具有较强的独立性和自治性，能够接受自己的特点、优点和不足，并在此基础上发挥自身才能，挖掘自身潜能。

但散裂型的组织文化也会导致成员对组织的依赖性、认同感和归属感较低，成员与成员以及成员与组织之间的情感联系和沟通较少，因此成员之间通常难以建立协作关系。

（4）共有型

共有型的组织文化具有社交性强、团结性强的特点，拥有这种文化类型的组织大多拥有积极和谐的工作氛围、清晰明确的组织目标和分工以及紧凑干练的组织结构，组织内部成员对组织有较高的认同感，成员之间的关系也较为密切，通常会共享资源和成果，共担风险，以互相协作的方式共同完成工作任务并实现组织目标。

但共有型的组织文化也会导致成员对组织的屈从性较高、组织纠错能力不足等问题，组织的领导层和成员盲目自信，在工作中难以紧跟时代发展的步伐。

企业可以利用双S立体文化模型来了解测评体系，从新的角度对企业文化进行分析，并进一步明确企业文化类型，精准找出企业文化中存在的问题和出现问题的根本原因，以便有效解决这些问题，实现对企业文化的优化。

2.2.3 丹尼森组织文化模型

丹尼尔·丹尼森（Daniel Denison）是洛桑国际管理发展学院（International Institute for Management Development，IMD）管理与组织学教授，他提出的丹尼森组织文化模型是当前在衡量组织文化方面最实用且有效的模型之一。丹尼尔·丹尼森认为，组织文化主要具有参与性、一致性、使命和适应性四项特征，如图2-6所示。

（1）参与性

企业在参与性方面的得分与企业员工培养情况、企业与员工的沟通情况和员工对工作的重视程度等相关，为了提高参与性得分，企业需要加强员工的

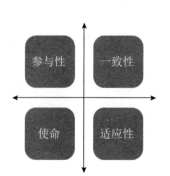

图2-6 组织文化的四项特征

责任感、工作能力和主人翁精神等方面的素养。具体来说，参与性得分主要涉及三个维度，如表 2-3 所示。

表 2-3　参与性得分的三个维度

三个维度	具体内容
授权	衡量员工的责任感、主人翁意识、工作积极性和授权获得情况
团队导向	衡量企业对员工合作和团队协作的重视程度
能力发展	衡量企业在员工培训方面的支出情况和培训效果，衡量能否通过培训的方式来满足员工的学习需求和职业发展需要以及企业自身的业务发展需要

（2）一致性

企业在一致性方面的得分与其内部文化所具有的凝聚力等相关，一般来说，一致性得分主要涉及三个维度，如表 2-4 所示。

表 2-4　一致性得分的三个维度

三个维度	具体内容
核心价值观	衡量企业员工在价值观方面的一致性、对企业的认同感和对企业未来发展的期望
配合	衡量领导层在统一员工意见和提高各部门一致性方面的能力，确保企业内部就同一问题形成一致意见
协调与整合	衡量企业内部各个职能部门与业务单位之间的合作情况，判断部门与部门之间或团队与团队之间的界限是否会影响合作

（3）使命

企业在使命方面的得分与其战略行动计划的长远性相关，具体来说，使命得分主要涉及三个维度，如表 2-5 所示。

表 2-5　使命得分的三个维度

三个维度	具体内容
愿景	衡量企业员工对企业未来发展愿景的理解和认同情况
战略导向意图	衡量企业在整个行业中的发展目标，明确企业的战略意图和每个员工在企业发展过程中的具体作用
目标	衡量与企业的使命、愿景、战略相关的各项目标，为每个员工的工作提供参考

（4）适应性

企业在适应性方面的得分与企业对客户和市场等外部环境中的各类信号的反应速度和应对能力相关，具体来说，适应性得分主要涉及三个维度，如表2-6所示。

表2-6 适应性得分的三个维度

三个维度	具体内容
创造变革	衡量企业对变革风险的看法，以及对外部环境的观察能力、对变革流程的计划能力和实施变革的能力
客户至上	衡量企业对环境的适应能力和对客户需求的掌握情况，企业需要通过了解客户当前需求和预测客户未来需求等方式来更好地满足客户需求
组织学习	衡量企业把握外界创新机会的能力和从外界获取新知识的能力

2.2.4 查特曼组织文化剖面图

查特曼组织文化剖面图（Organizational Culture Profile，OCP）是由美国加州大学教授珍妮弗·查特曼（Jennifer A. Chatman）提出的，旨在从契合度的角度来研究企业和个体有效性（如职务绩效、组织承诺和离职）之间的关系。

目前，许多企业文化学者认为，组织价值观是组织文化的核心，且具有可重复鉴定、可操作性定义和可测量的特点。企业价值观的OCP量表在诞生初期，主要包含54项能够体现出企业价值观特征的测量项目。企业价值观的OCP量表能够为人们从契合度层面找出企业与职务绩效、组织承诺、离职等个体有效性之间的联系。

OCP量表在企业中的应用有利于企业的价值观设计和价值观建设工作。具体来说，通过应用OCP量表，企业既可以衡量自身对企业价值观的重视程度，也可以判断当前企业价值观与员工理想之间的差距，同时还可以进一步了解员工对当前企业价值观的看法，并据此对企业价值观进行优化和改进。不仅如此，企业还可以借助OCP量表对各类组织文化的描述来提高组织文化识别、衡量和管理等方面的能力。

OCP量表的开发者查特曼指出，OCP量表能够将文化划分成创新性、稳定性、以人为本、结果导向、注重细节、进取性和团队导向七个维度，如图2-7所示。

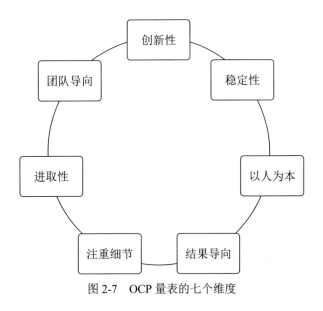

图 2-7 OCP 量表的七个维度

（1）创新性

在企业文化方面创新性较强的企业通常也具有较强的灵活性和适应性，且大多采用扁平化的管理模式，能够积极尝试新事物。一般来说，这类企业大多支持创新，能够为员工提供丰富的学习资源和创新平台，同时也会不断优化和完善员工激励机制，并利用激励机制来激发员工的创造力，支持员工充分发挥创造性思维。企业文化的创新既包含对技术、产品和服务等内容的创新，也涉及对客户价值和员工价值的调整等增量创新。

（2）稳定性

稳定性文化具有可预测性强的特点。在环境稳定的情况下，稳定性文化可以在一定程度上确保产出水平的稳定性，从而提高组织运作的高效性。但同时稳定性文化也会对企业创新形成一定的限制，导致企业难以快速适应动态变化的环境。

（3）以人为本

企业文化对员工的尊重主要体现在其对"人"的关注，从本质上讲，企业对公平、个人权利、个人尊严的重视程度和人道主义福利的提供情况等，均能体现出企业对员工的尊重。

以星巴克为例，该企业遵循以人为本的原则，无论对在职员工还是兼职员工，都会为其提供医疗保健、学费偿还和免费咖啡等福利，因此员工的忠诚度和敬业度较高，企业的人才流失率较低。

（4）结果导向

在具有结果导向文化的企业中，绩效指标与奖惩措施之间通常存在十分密切的关联。

以百思买集团为例，销售业绩导向文化在该企业的企业文化中占据重要地位，该企业每天都会统计各个部门的收益等数据，同时也十分重视对员工的培养，力图通过提高员工能力来获得更高的绩效。

此外，百思买还制订了以结果为导向的 ROWE（Results-Only Work Environment，只问结果的工作环境）计划，并通过该计划提高工作的弹性化程度和员工的自由度，让员工可以根据需要来安排办公时间和地点，同时绩效核算人员只需对各个员工的工作结果进行评估，减轻了绩效核算人员的工作量。这种方式既提高了百思买的生产力指标，也降低了多个部门的流动性指标，达到了有效提升企业绩效和企业稳定性的效果。

（5）注重细节

注重细节的企业通常能够在市场竞争中占据一定的优势。

以四季酒店为例，该酒店会在计算机系统中记录所有客户的相关信息，如床品使用偏好、报纸类型偏好等，并根据这些客户个人信息来优化自身服务，提高服务质量，进而达到提升客户满意度和忠诚度的目的。

（6）进取性

拥有进取文化的企业大多对竞争的重视程度较高，在市场竞争过程中可能会面临各类法律纠纷风险，导致企业声誉受损等问题。

以微软为例，其进取文化有效提高了企业的业绩水平，但在市场竞争过程中也造成了许多反垄断纠纷。

（7）团队导向

拥有团队导向文化的企业大多对团队协作的重视程度较高，要求员工在工作中做到互帮互助、互相协作。

以西南航空为例，该企业将团队导向文化融入对员工的交叉培训过程当中，将团队合作能力作为员工招聘和人才选拔的一项重要指标，同时也通过优化团队协作来增强员工关系的稳定性。

2.2.5 奎因竞争性文化价值模型

1988 年，美国组织行为专家奎因（Quinn）开发出一款可以从外部导向和控制授权两个方面对企业文化进行分类的文化价值模型，该模型被称作奎因竞争性文化价值模型，主要由四个基本价值模型构成。

从企业文化分类方面来看，企业既可以按照组织所关注的工作内容将企业文化划分为组织内部取向文化和外部环境取向文化，也可以按照组织的工作方式将企业文化划分为过程控制型文化和灵活自主型文化。除此之外，还可以根据企业重视内容的差异将企业文化划分成目标导向、规则导向、支持导向和创新导向四个导向，如图 2-8 所示。

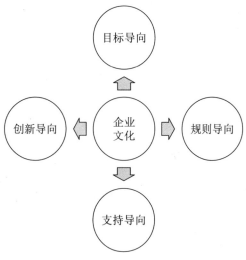

图 2-8　企业文化的四个导向

- 市场绩效文化以目标为导向，且处于这一文化环境中的企业和员工均具有较强的市场竞争意识和风险意识。
- 层级规范文化以规则为导向，且处于这一文化环境中的企业和员工均具有较强的集权、等级和规范意识。
- 团队支持文化以支持为导向，且处于这一文化环境中的企业和员工均具有较强的授权和沟通意识，大多以人为中心来开展各项活动。
- 灵活创新文化以创新为导向，且处于这一文化环境中的企业和员工均具有较强的反应速度、客户意识和变革意识。

从模型的角度分析，目标导向和创新导向的企业文化与外部关系紧密，而规则导向和支持导向与内部运营的联系更加密切。在评估创新性工作及其目标的有效性时，企业需要衡量创新性工作及其目标对自身外部发展和实际盈利的正面影响以及对用户需求的满足情况。理论上，处于健康状态下的企业文化模型通常为菱形；而在实践中，目前成熟度较高且较为优秀的企业文化大多更偏向于支持导向和创新导向，其模型通常呈现为倒梯形，这种企业文化导向也是大多数优秀企业在文化模型建设过程中的重要目标。

2.3 ▶ 企业文化诊断与评估的常用方法

企业文化诊断与评估是企业掌握自身企业文化建设情况和明确企业文化建设路径的重要方法，也是企业文化建设过程中不可或缺的一部分。一般来说，企业的运营具有相对独立、相对封闭和循环性的特点，因此在企业文化的诊断与评估过程中，企业也需要确保企业文化的完整性和系统性，充分发挥多样化的文化诊断模型和调查方法的作用，按照管理层级和内容维度对企业文化进行科学合理的调研、归纳和分析，从而得出正确且有效的企业文化诊断与评估结果。

为了打造优秀的企业文化核心理念和价值观，企业需要对企业文化态势进行综合性的诊断与评估，并进一步加大领导层对企业文化建设工作的支持力度，提高员工对企业文化的认同感，确保企业文化能够落实到各个部门。具体来说，企业文化的诊断与评估可以采用深度访谈、问卷调查、资料研究和现场调查等多种方法，如图2-9所示。

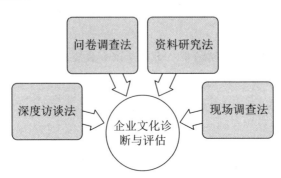

图2-9 企业文化诊断与评估的常用方法

2.3.1 深度访谈法

深度访谈法是一种应用十分广泛的企业文化调研方法，具有资料获取方便、明确性强、沟通直接、互动效果强等特点，能够有效防止信息不对称等问题，有助于进一步提高访谈问题的深度和具体性。

从访谈形式上来看，深度访谈可以按照问题的准备情况分为标准化和非标准化两种类型。其中，标准化的深度访谈指的是预先准备好需要提问的问题和回答的访谈，非标准化的深度访谈指的是提问的问题具有一定随机性的访谈，被访者需要根据问题即时作答。除此之外，深度访谈也可以按其他方式进行分类，如根据被访者的人数可以划分成一对一单独访谈和一对多座谈。

在具体的访谈过程中，可以基于某些特定的因素对被访者进行分类，以此获取多样化的信息，比如：访问企业高管，能够获得企业发展战略、企业文化建设方向、企业文化发展指导等信息；访问企业的中层领导，能够获得企业管理中实际存在的问题、企业文化的核心要素和企业文化基本框架等信息；访问企业的基层人员，能够了解普通员工的意见和建议等信息。

2.3.2 问卷调查法

问卷调查法的主要用途是收集人们对某个问题的看法、意见和态度，根据调查的结果制定相应的方案和措施。

企业文化诊断与评估较多采用问卷调查法。在问卷的设计上，以标准化的问题及答案为主，借此了解员工对企业文化的总体认知，以及对本企业当前文化建设状况的看法和评价。由于问题比较明确，答案较为固定，因此统计调研结果非常方便。同时这样的设计下答题效率会非常高，可以在短时间内收集到足够多的调研结果。此外，问卷中也可以包含占比较小的开放性和发散性问题，员工可以通过这些问题提出自己对于企业文化建设的主张和建议。

（1）问卷调查的原则

在进行问卷调查时，企业要遵守保密性和真实性的原则，如表2-7所示。

表2-7 问卷调查的原则

原则	具体内容
保密性原则	即对调查对象所填信息做到严格保密。调查对象在问卷中填写的内容会体现出其个人想法、立场等，因此在一定程度上涉及个人隐私。将问卷结果保密在问卷开头写明，并在调查过程中再次向调查对象强调，让其不再有此方面的顾虑
真实性原则	问卷调查的结果必须保证真实有效，能够反映出调查对象的真实想法，这需要调查对象认真对待，也需要其掌握一定的问卷填写技巧。在问卷的开头及调查过程中向调查对象强调问卷的真实性原则。另外，在企业文化培训时，可以告知员工填写企业文化调查问卷的相关要领和注意事项

（2）调查问卷的设计流程

在设计调查问卷时，要按以下步骤来进行。

① 确定调查目标。首先要明确这次调查要达成什么样的目标，目标可以是提高员工满意度，可以是增强领导能力，也可以是创造更好的组织氛围。清晰的目标将为行动提供有效的指引，为后续步骤的进行打下良好的基础。

② 确定数据收集方法。设计问卷时要注意问卷与调研形式相匹配。线下调研采用纸质问卷，阅读起来相对比较容易，因此问卷的内容可以详细一些，不过纸质问卷可能出现排版混乱或字迹模糊的情况，所以要保证问卷清楚易识读。线上调研中，问卷通常呈现在电脑屏幕上，如果问卷内容太多则看起来比较吃力，而且答题系统一般都有时间限制，因此问卷的设计应当简洁。

③ 确定问题形式。问卷中的问题主要有开放式和封闭式两种。开放式问题赋予应答者较大的自主性，不对其回答设置较多的限制和边界，应答者可以自由地表达和阐述自己的观点，只要所回答的内容与问题有关即可。与开放式问题不同，封闭式问题有固定的标准的选项，通常应答者需要从给定的选项中做出自己的选择。

④ 选择合适的问题措辞。提出问题时应选用适当的措辞，使应答者能够更好地接受，也使问卷取得更好的效果。选择适当措辞，可以从以下几点入手：首先，用词要清楚，模糊和含混的用词不利于应答者理解，也会影响其参与调研的积极性；其次，不要使用诱导性的用语，否则应答者的回答很可能不能反映其内心的真实想法；再次，要考虑到应答者有没有足够的能力对问题作出回答，比如有的问题需要深厚的知识和经验积累，还有的问题需要严密复杂的分析和论述，调查对象可能没有回答的能力；最后，要考虑应答者有没有回答问题的意愿，有的问题没有多大价值，还有的问题涉及比较敏感的方面，对于这些问题应答者很可能不愿意回答。

⑤ 合理编排问卷流程。问卷的编排不应当是随意的，而要遵循一定的规范。首先，问卷的内容应该完整，能够覆盖调查目标的需要，全面地反映调查对象的观点。其次，问卷要具备清晰的架构和合理的脉络，各部分内容之间要存在较为明确的逻辑关系，这样在回答问卷时，应答者的思路将更加通畅，其回答的内容将更加严谨细致，具备更高的价值和参考意义。

⑥ 问卷评价和调整。问卷设计完成后需要进行评估，如有必要可对问卷作出调整，评估问卷时可从以下几个方面入手：是否每个问题都有必要，有些问题是否可以去掉或修改；是否存在问卷篇幅过长的问题，有哪些问题可以适当精减；问卷提供的信息是否全面，是否满足调查目标的需要；还要考虑答题空间是否充足，有的调查对象可能会很详细地对开放式问题作出回答。

⑦ 预先测试和修订。问卷经设计人员确定，又得到了管理层的认可，此时仍不要急于开展正式的问卷调查，而应先进行预先测试。通过预先测试收集测试对象的意见和反馈，找出问卷存在的问题和不足之处，并作出相应的修改，修改完成后要再次经过领导层的审核。如果问卷的改动幅度比较大，那么需要再次进行预先测试，直到问卷的最终确定。

⑧ 问卷准备。问卷确定之后需要进行实物的准备。打印之前，检查是否存在错别字和格式错误，选择合适的字体和排版形式，并对问卷进行编码。打印时选择质量较好的纸张，保证最终呈现出较好的打印效果。打印完成后进行问卷的折叠和装订。

⑨ 实施调查。将问卷发放给调查对象进行填写，填写完成后汇总和收集调查结果，为了使收集更加高效，以及收集到的结果具备更大的参考价值，需要用到管理者说明、访问员说明、过滤性问题、记录纸和可视辅助材料。

2.3.3 资料研究法

资料研究法在企业文化诊断与评估中的应用会涉及企业的政策、机制、历史沿革、发展战略、企业活动、企业制度等诸多内容。

企业在发展过程中既形成独特的管理风格，也会产生专属的文化内涵；在企业文化落地的过程中，企业制度、机制和政策等也发挥着十分重要的作用。因此，企业可以深入挖掘和研究这些内容中潜藏的企业经营管理实践和企业员工的基本假设等信息，并在此基础上为自身明确核心价值观提供支持。

在企业文化的具体诊断和评估工作中，资料研究法需要相关工作人员针对具体项目的实际需求来确定信息需求清单，并据此采集各项与之相关的内部资料和外部资料，同时对这些文件资料进行有针对性的研究。具体来说，研究内容主要涉及以下几类。

- **图片影像资料**：企业的历史工作记录、活动场景等信息资料。
- **重要会议记录**：企业发展历程中的各个重要节点的决策过程记录。
- **工作总结报告**：包含企业的发展规划、发展目标、战略规划、主要发展措施和实际生产经营状况等信息。
- **董事长、总经理讲话稿**：企业的创始人和高层的重要讲话资料。
- **企业内刊、宣传材料、媒体报道**：企业的内部形象、外部形象的宣传推广材料等。
- **企业人力资源制度**：企业的薪酬制度、业绩评价制度、人才招聘制度、人员选拔与任用制度和考核方法等各项人才管理制度。
- **历史和现实资料**：企业史和企业志等包含企业整个发展过程和文化传统的信息资料。
- **组织结构及组织管理方式**：企业的部门设置、职能划分、管理规范、管理幅度、管理层次、决策权限和横向联系等。
- **同行相关的企业文化**：行业代表性企业的价值观念、组织制度和经营理念等。

除此之外，企业也可以根据实际需求采集公共媒体、专业媒体等渠道的相关信息，并将这些信息作为开展相关研究工作的参考资料。

2.3.4 现场调查法

现场调查法也是诊断和评估企业文化的重要方法。企业文化相关研究人员可以通过现场调查企业的工作环境、员工的工作状态等来挖掘企业文化建设中存在的各类问题。一般来说，企业文化现场调查法主要包括四个基本工作步骤，如图2-10所示。

（1）拟订现场调查方案

企业需要在明确现场调查目标的前提下，进一步拟订由现场调查的原则、方法、机制、样本选择和时间计划等多项相关内容构成的企业文化现场调查方案。

（2）组织开展现场调查

企业应依据现场调查方案有序推进现场调查工作，以专题座谈、问卷调查、资料分析、现场观察、面对面访谈等方式来对高层、中层及基层员工等进行访谈和调研,从而获取各项企业文化相关信息。

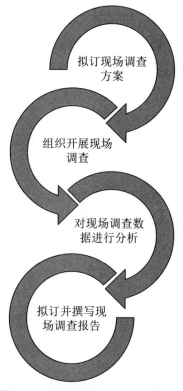

图 2-10　现场调查法的基本工作步骤

(3)对现场调查数据进行分析

企业应整合、归类、统计所获取的各项数据信息、观点和建议。与此同时,企业也要在此基础上借助数据对比、数据排序和数据比例等方式对各项相关数据信息进行分析,深入挖掘自身企业文化的特征,并评估企业文化的建设情况。企业文化现场调查数据如表2-8所示。

表 2-8　企业文化现场调查数据

序号	现场调查数据
1	企业发展方向和企业员工对企业未来发展情况的期望
2	企业未来发展目标
3	企业发展战略

续表

序号	现场调查数据
4	处于不同层次的各方相关人员对企业文化建设的理解
5	企业的管理层和员工所认为的企业文化的作用
6	企业的管理层和员工对企业文化建设的理解
7	企业文化建设的基础和条件
8	企业文化建设的不利因素
9	各方相关人员对管理文化的看法
10	有效处理企业内部各部门关系的方法
11	有助于企业发展的领导风格
12	企业当前的领导风格与企业文化建设需要之间的匹配度
13	企业各方相关人员对"以人为本"的看法
14	企业的员工状况
15	企业中大多数员工的思想观念
16	企业中大多数员工存在的思想问题
17	增强员工凝聚力的方法
18	企业各方相关人员对市场经济中贡献和收入之间关系的看法
19	企业的管理实践情况
20	企业在运行和管理过程中遇到的关于企业文化建设的各类问题
21	企业制度和企业文化之间的关系
22	企业文化建设在企业发展过程中所起到的推动作用
23	企业的企业形象
24	企业的企业精神
25	企业的实力和客户对企业的看法
26	企业的企业形象建设目标

（4）拟订并撰写现场调查报告

企业需要在完成现场调查数据分析工作的基础上生成相应的现场调查报告，并在该报告中呈现出现场调查的实际情况、调查过程、调查成果，以及企业文化优化方案和计划等，从而为企业文化的后续建设提供支持。

第 3 章

企业文化理念体系
的构建

3.1 企业文化理念体系的三个层次

构建企业文化理念体系是创建企业文化的第一要务。作为企业文化的内核，企业文化理念体系具有重要作用，它不仅是企业的思想精髓所在，也是企业物质、制度及行为等层面文化的重要基础。

企业的文化理念可以体现企业自身价值观念与行为模式，能够反映出企业独有的特点。它展现的是企业的长远目标与精神追求，是企业生产经营的行动指南。企业文化理念体系在企业内部可以有效集中思想、凝聚共识、鼓舞人心，同时可以在一定程度上对员工的心理与行为产生限制与约束；在外部可以帮助企业树立值得信赖的企业形象，增强企业的社会公信力。

企业文化理念体系的基本特征可概括为以下三方面。

- 概念清晰准确，容易理解与掌握。
- 体系结构清楚，层次分明，逻辑严谨。
- 内容要素完整，兼具宏观导向和微观指引。

总体来说，企业文化理念体系主要包含战略理念、价值理念和执行理念三个层次，如图3-1所示。

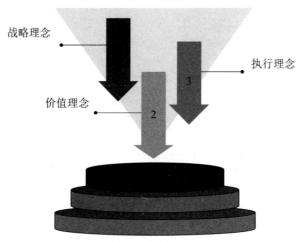

图3-1　企业文化理念体系的三个层次

3.1.1 战略理念

战略理念反映的是企业存在的最根本目标与企业的远大抱负，是在企业发展战略基础上所形成的理念体系。作为企业文化理念体系中的重要部分，战略理念是价值理念与执行理念的重要指引，主要包含企业使命与企业愿景两个要素。

（1）企业使命

企业使命是企业的根本性质与存在的理由，也是企业在社会发展中所承担的角色与责任。企业使命不仅回答了企业做什么的问题，更重要的是回答了企业为何这么做，是企业必须拥有的终极信念。企业使命对于一个企业来说是至关重要的，因为企业只有找到自身的使命才能够担负起相关责任，明确自身的立足点，若企业不清楚自身的使命，就很难找到立足的根基。事实上，企业可以承担的任务并不少，譬如提供产品与服务、满足需求、谋求利益、奉献社会、弘扬文化等。但企业使命与以上诸多任务并不等同，它更多体现的是超越物质层面的对行业、社会和人类的一种贡献。

一个企业要想出类拔萃、做得优秀，就一定要创造除商业价值之外的对行业、社会、人类的价值。比如，万科集团的企业使命是"建筑无限生活"，沃尔玛的是"给普通百姓提供机会，使他们能与富人一样买到同样的东西"，可口可乐的是"使每一个人为之振奋、从中受益"，这些企业使命都超越了产品和服务范围，旨在为社会与人类带来更加美好的生活体验。再比如，中国移动的使命是"创无限通信世界，做信息社会栋梁"，这既展现了移动争做行业先锋的强大使命感，又体现了其勇担行业与社会任务的责任感。

企业使命是企业核心价值观的载体，也是企业实现自身终极目标所必须承担的责任。企业使命既涵盖了企业对自身以往经验、教训的积累与反思，又包含了其对自身未来的展望与规划，体现的是企业整体的价值观念与信仰体系。一个具有清晰、崇高使命的企业能够激发所有员工的创造热情与工作动力，让每位员工找到工作的意义，由此迸发出自主的、甘愿奉献的内驱力来助力企业的进步与发展。比如，迪士尼的企业使命是"让世界更加欢乐"，在这一使命的强烈感召下，乐园内的工作人员会自愿向消费者、企业及社会播撒更多的欢乐。

（2）企业愿景

愿景的意思是希望看到的某种情景，企业愿景所描述的是企业对未来发展的展望与假设，蕴含着企业的远大目标，是企业不懈奋斗的动力。企业愿景能够明确界定企业未来的发展方向与发展规模等，是对"企业将要成为什么样"这一问题的回答与承诺。

企业愿景代表了企业的最终目标。美国管理学家吉姆·柯林斯（Jim Collins）在《基业长青》一书中提出：能够长期经营并保持竞争优势的企业都有属于自己的独特理念，这是企业文化的核心组件，我们称这种核心理念为"企业愿景"。

美国麻省理工学院（MIT）斯隆管理学院教授彼得·圣吉（Peter M. Senge）也表述了企业愿景的重要性，他指出：缺乏共同愿景的企业内部往往是一潭死水，基层员工只会被动地接收上层的命令，不能被激发出工作的积极性。因此，愿景对于企业的发展具有重要意义，它不仅能够解答员工对企业发展前景的疑惑，还能增强企业的凝聚力和吸引力。

下面我们分别从哲学层面、文化层面和心理层面来分析企业愿景的内涵。

① 哲学层面：人类生存的哲学和企业运营的哲学本质上是一致的，人生的意义在于追逐目标和实现价值，企业愿景则是期望在运营中获得效益和实现社会价值。

② 文化层面：企业愿景代表了企业的发展方向，没有愿景作为指向标，企业发展很有可能偏离既定的轨道。

③ 心理层面：愿景是理想的象征，能激励人们投身于伟大的事业之中。同样，企业愿景也描绘了企业发展的理想蓝图，能够激发成员的积极性和主动性，为实现企业的良性可持续发展提供无穷动力。

3.1.2 价值理念

与战略理念相似，价值理念也是一种全局性的理念体系，它所阐述的是企业恒久坚持的道德与信仰，是战略理念与执行理念的重要支撑，也是整个企业文化理念体系中极为关键的部分，起到重要的衔接作用。

价值理念一经形成，便难以改变。始终坚定遵循既定的价值理念是企业取得成功的一项重要因素。企业的价值理念主要包括核心价值观、企业精神、企业伦理和企业作风四个要素。

（1）核心价值观

企业的核心价值观是企业及其全体成员共同坚持、始终追求的价值判断标准与信仰体系，体现了企业对经营管理的理解与经营管理方法，可以帮助企业在生产经营中明确自身的定位与标准。

核心价值观反映的是企业的生存主张，即企业倡导、追求的行为和目标，以及企业反对与抵制的言语和行为等，是可以判断企业生产经营中重大是非的根本标准，也是企业处理日常生产经营中各类问题的基本准则，更是企业自身所独有的、不能被复制与模仿的文化元素。

企业的核心价值观不应该被眼前利益与短期目标左右，也不应该与企业具体的生产实践混为一谈。举例来讲，在企业的创新、服务与利益三者间发生冲突时，不同价值观的企业会做出不同的选择，以利益为根本的企业会为了维护自身利益而降低服务品质，而以服务为本的企业则会舍弃一些利益努力保证服务质量。

企业的核心价值观要得到全体员工的高度认同，唯有如此，才能够让来自不同民族、地域、文化的员工凝聚在一起，打破彼此间的重重隔阂，弱化彼此间的各种差异，从而加强企业的凝聚力与向心力，增强员工的归属感，让企业可以在内部统一思想，在外部树立可靠的企业形象。核心价值观对于企业选择自身使命与长远目标具有决定性意义，同时它也是企业履行社会责任、实现美好蓝图的根本保障。吉姆·柯林斯（Jim Collins）通过对不同企业的大量研究得出一项结论，即企业要想保持长久的生命力，就要将核心价值观深深地融入全体员工的内心之中。企业的核心价值观是能够长期引导企业完成各种经营活动的关键，从某种意义上来说，其重要程度甚至高于企业的战略理念。

（2）企业精神

企业精神是企业核心理念的概括与凝练，是企业精心打造的整体风貌。与核心价值观不同，企业精神所解决的并不是思想层次的问题，而是企业成员整体精神风貌建设的问题，是全体员工共有的一种工作态度与精神追求。

企业精神一经形成就会释放出巨大的能量，对企业员工的思想与行为产生积极影响。企业精神展现了全体成员的精神风貌，良好的企业精神是乐观向上的、熠熠生辉的，企业若想行稳致远，就要带领全体成员保持积极向上的精神风貌。

值得注意的是，在同一行业中，不同企业可能会展现出不同的企业精神，同样，同一企业在不同的历史发展阶段也可能呈现不同的精神风貌。

(3) 企业伦理

20 世纪 70 年代，企业伦理观念在美国兴起，这一观念主要阐述企业在法律范围内进行生产经营实践时需要遵守的伦理规范。企业伦理以公平、公正、诚信、负责等作为基本准则，属于一种平衡企业与员工、用户及社会间关系的非正式规范。这一观念的提出，反映出企业在生产经营中对用户和社会需求的关注。

按照目前的发展形势，企业若忽视企业伦理、唯利是图，必将被社会和时代淘汰。因此，企业要想取得成功，就一定要树立正确的伦理观念，用以指导企业的生产经营实践，唯有担负起相应的社会责任，企业才可能实现基业长青。

(4) 企业作风

企业作风是企业精神的外在表现形式，对企业的生产实践和未来发展具有重要影响。企业作风体现在企业内部的工作氛围、沟通模式及行为习惯等方面，是企业在实现愿景目标的过程中所表现出的处事态度与工作风格。

企业作风是通过员工的行为展现出来的，是影响企业形象的关键因素，企业要在内部积极倡导、引领健康的企业作风，这对于企业的长期稳定发展具有重要意义。一个企业如果具备完善的企业文化、拥有良好的企业作风，其内部的员工便会自觉抵制不良的社会风气，主动与企业共进退，共同推动企业的健康发展。

3.1.3 执行理念

执行理念是能够具体落实到企业经营管理中的理念体系，它需要以战略理念为基础、以价值理念为支撑。执行理念是企业在生产经营实践中一定要遵守的行为准则，主要聚焦于方法论层面，探讨企业如何履行好自身责任等方面的问题。这一理念是整个企业文化理念体系中必不可少的一部分，若缺少了执行理念，企业的战略理念与价值理念就不能真正落实到执行层面，企业的整体发展也必然会受到影响。

(1) 执行理念的主要内容

与战略理念和价值理念这两种全局性的企业文化理念不同，执行理念是局部性的，且呈现出阶段性的特征，但是无论其怎样调整、变化，都一定要与企业的战略理念和价值理念相符合，不然执行理念就失去了根基。

执行理念可分为经营理念和管理理念，下面对这两者进行简单介绍。

① 经营理念。经营理念即企业系统性的经营思想，主要指企业在核心价值链的生产经营活动中应遵循的行事原则，直接指导着企业所有的生产经营活动。举例来讲，青岛啤酒的经营理念是"锐意进取奉献社会"，麦当劳的经营理念是"品质、服务、清洁、价值"等。企业的经营理念具体包含研发理念、采购理念、生产理念、投资理念、市场研究理念、营销理念以及客户服务理念等基本理念。

② 管理理念。管理理念主要包括决策理念、战略管理理念、质量管理理念、资本运作理念、财务管理理念、人力资源管理理念、知识管理理念、技术管理理念、行政管理理念、安全管理理念，以及学习理念、创新理念、沟通理念等。

（2）执行理念如何转化为执行力

对于企业而言，执行力的提升是更好地生存与发展的基础，也是执行理念转化为运营实践的关键。企业的执行力具体体现在将战略理念转化为具体行动的过程，能够反映出企业决策实施的速度、企业组织协作的协调性、企业绩效评估的公正性等。那么，执行理念如何转化为执行力呢？其关键如图3-2所示。

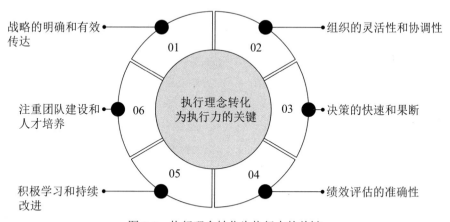

图3-2　执行理念转化为执行力的关键

① 战略的明确和有效传达。企业一定要确立好自身的战略定位与发展目标，让每位员工都能够清晰认识企业的发展方向与自身的成长路径，唯有这样，才能增强全体员工的行动力，确保行动执行的一致性。除此之外，企业还要全面深入地向员工传达企业的战略理念与价值理念，使其得到员工的充分认同，激发员工

的工作热情与创造性。

② 组织的灵活性和协调性。企业在推进自身的战略目标时，常常会发生意想不到的情况，这就要求企业构建好灵活的组织结构与协调机制，迅速应对各种突发状况。企业内部的部门之间、员工之间要加强交流与联系，这样在面临紧急情况时才能够有效配合，帮助企业渡过难关。

③ 决策的快速和果断。在激烈的市场竞争中，机会转瞬即逝。企业要不断提高自身决策机制的科学性与准确性，有效把握机会并快速完成行动。整个决策过程既要严谨、科学，又要迅速、果断，争取用尽量少的时间得出正确的判断，提升企业的核心竞争优势。

④ 绩效评估的准确性。企业应构建公平公正的考核评估机制，有效衡量员工的工作绩效与实际表现。在考核与评估的过程中，企业应全面了解每位员工的优势与劣势，并采取切实可行的有效措施帮助员工改进与提高，由此来提高企业的整体绩效，增强企业的执行力。

⑤ 积极学习和持续改进。企业在生产经营过程中，不仅要持续学习，还要适时引入优秀的管理理念与经验，完善自身的业务流程与管理模式。唯有这样不断地汲取养分并内化为自身的优势，才可以让企业长久地立于不败之地。

⑥ 注重团队建设和人才培养。企业要注重培养团队的沟通协作能力与团结创新精神，打造高素质的员工队伍，借助奖励、培训、研讨会等方式，不断加强员工素质能力建设。与此同时，企业还要积极为员工营造和谐融洽的工作环境，燃起员工的工作热情，建设一支有潜力、有干劲的团队，使其在工作中充分发挥执行力。

3.2 企业文化识别体系的构建方法

3.2.1 企业文化识别体系

企业文化识别体系（Corporate Identity System，CIS）是一个能够在企业文化建设过程中发挥识别作用的系统，也是企业对外展示自身企业文化的重要渠道，通常由理念识别系统（Mind Identity System，MIS）、视觉识别系统（Visual

Identity System，VIS）和行为识别系统（Behavior Identity System，BIS）组成，如图 3-3 所示。

从实际操作上来看，为了保证企业文化识别体系的有效性，企业应遵循战略思想的指引，从自身实际情况和发展需求出发，进一步明确自身的企业文化理念体系，并在理念识别系统的支持下构建相应的行为识别系统和视觉识别系统。具体来说，理念识别系统是企业推进企业文化建设的思想基础，也是企业构建视觉识别系统和行为识别系统的基础，有助于企业打造符合自身实际情况的制度文化、行为文化和物质文化，从而形成自身独特的企业文化。

企业文化识别体系是企业落实各项企业文化行动的基础，其核心理念体系能够为企业内部所有员工的工作提供指导，助力企业在整个员工群体当中形成共同价值观。不仅如此，企业文化识别体系还可支持企业对外展示自身的企业文化，能够为企业塑造良好的社会形象提供帮助。具体来说，企业文化识别体系构建流程如图 3-4 所示。

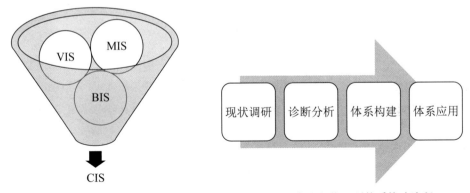

图 3-3 企业文化识别体系的组成部分　　图 3-4 企业文化识别体系构建流程

① 现状调研：企业应利用多种企业文化研究工具对地域文化、社会传统文化、企业发展历程、企业高层领导影响、企业内部管理、员工精神面貌、员工工作风格和员工价值观念等企业文化现状相关内容进行全方位调研。一般来说，企业通常采用座谈、员工访谈、问卷调查、实地调研、文献资料研究和外部客户反馈等调研方式来完成企业文化现状调研工作。

② 诊断分析：企业应从自身发展定位出发对内部环境变化、外部环境变化、行业发展趋势和自身发展战略等进行深入分析，找出能够促进自身发展的文化要

素,并衡量当前的企业文化与企业文化建设目标之间的差距,从而进一步明确企业文化识别体系建设的重点和方向。

③ 体系构建:企业应根据自身发展需求构建理念识别系统、行为识别系统和视觉识别系统,并在此基础上建立企业文化识别体系。

④ 体系应用:企业应将自身的企业文化与培训体系、传播体系、激励体系和融入体系等多个体系进行融合,以便利用企业文化为培训、传播、激励和融入管理等工作提供指引,同时也要按计划向企业内部员工和社会公众传输自身的价值观念、文化内涵和经营信息,提高各方人员对自身企业文化的认同感。

企业文化识别体系是企业传播品牌形象和经营理念的重要工具,具有独立性和完整性等特征,企业可以借助该系统来对外展示自身的企业文化和企业形象。在建设企业文化识别体系的过程中,企业需要找准建设重点,以企业文化建设为中心,提高企业文化识别体系建设与其他各项体系建设工作之间的协调性,并确保企业文化识别体系建设的系统性、规范性、制度性和科学性。

具体来说,理念识别系统既是企业文化识别体系的核心,又在企业文化建设的过程中发挥着不可替代的作用,因此企业应将理念识别系统作为建设重点;行为识别系统影响着企业的培训、传播、激励和融合管理等多项工作,同时也能够帮助企业进一步规范员工行为和宣传企业文化相关事件;视觉识别系统具有一定的传播作用,能够作为传播体系的组成部分为企业的信息传播工作提供支持。

3.2.2 理念识别系统

理念识别系统是企业文化识别体系建设的基础,在整个识别体系中占据着十分重要的地位。在推进理念识别系统建设工作的过程中,企业应在传承优良企业文化的同时加强创新,并提高员工的参与度,既要遵循行业共性原则,又要突出企业个性。

一般来说,理念识别系统主要包含企业的愿景、使命、精神、核心价值观和管理理念。从实际操作上来看,企业在建立理念识别系统时需要先掌握企业文化现状调研情况,明确企业文化诊断分析结果,找出有助于自身发展的各项优秀文化元素;再从行业文化及自身的实际情况和未来发展需求出发,通过研讨、员工意见采集与分析等方式进一步明确自身的企业文化核心理念和具体价值理念等内容；最后企业可以据此建立起自己的理念识别系统，其所包含项目的释义及内容提炼要求如表 3-1 所示。

表 3-1 理念识别系统包含项目的释义及内容提炼要求

项目	释义	内容提炼要求
愿景	愿景是企业为之奋斗的蓝图，是组织成员发自内心的对组织未来的一种远期追求	1. 具有激励性，为企业员工指明发展方向；发挥积极引导作用 2. 具有可操作性、可实现性，让员工有希望、够得着 3. 具有一致性，员工高度认同
使命	企业使命是企业存在的目的和理由，是企业必须承担的责任与义务	1. 体现企业的战略定位与核心业务 2. 突出企业社会责任，协调好利益相关者的关系 3. 坚持顾客导向原则
企业精神	企业精神是企业全体员工所共有的内心态度、思想境界和理想追求，展示了企业的精神风貌和气质	1. 体现全体员工对企业特征的理解和认识 2. 对员工士气具有激励性，并能引导企业建立良好文化氛围 3. 传承性与创新性相结合，既要符合时代要求，又要体现企业个性
核心价值观	核心价值观是企业的核心思想、根本信条和行为准则，是对如何完成使命、达成愿景的行为准则的界定	1. 既包括道德价值观，又包括工作价值观，是做人与做事的价值标准的结合 2. 体现行业要求、企业优良传统、时代精神和企业个性
具体管理理念	具体管理理念是企业核心价值观在经营管理领域的具体体现，也是企业要求员工践行的行为准则	1. 能有效地支撑企业的愿景、使命、企业精神与核心价值观 2. 与企业经营管理工作紧密结合，充分体现日常管理工作的指导理念与具体方法

注：理念识别系统除了企业愿景、企业使命、核心价值观、企业精神、具体管理理念外，还包括企业哲学、企业作风、企业工作方针等项目。由于各企业具体情形不同，不要求其理念识别系统完全一致，包括对具体管理理念的分类，也不要求完全一致，各企业可以着重突出自己的个性。

3.2.3 视觉识别系统

视觉识别系统能够以形象化的方式表现企业文化理念。对企业来说，需要以理念识别系统和行为识别系统的建设为基础，充分运用视觉识别系统设计、载体建设和环境建设等技术塑造企业形象，并按照自上而下、由内而外的顺序来构建和优化视觉识别系统，同时向内部员工和社会公众人员传播自身的企业文化核心理念、行为规范、企业形象和经营风格等企业文化相关内容，进而达到传播企业文化和树立良好形象的目的。

企业在构建视觉识别系统时通常需要对电子屏、文化墙、品牌标志、企业标语、宣传展板、办公设施、办公环境、办公用品、员工服装、宣传资料、标识和OA（Office Automation，办公自动化）内网等进行科学合理的管理。

不仅如此，企业在设计视觉识别系统时还需遵守以下四项原则，如图3-5所示。

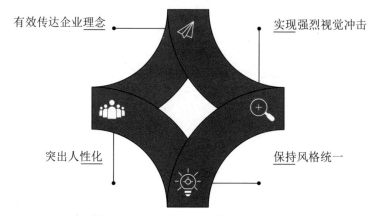

图3-5　设计视觉识别系统的基本原则

① 有效传达企业理念。企业应以自身理念为中心，以突出自身个性为原则来开展视觉识别系统的设计工作，确保系统中的各项要素能够为企业向社会公众人员传输企业理念提供有效支撑。

② 突出人性化。企业应提高对人性化设计的重视程度，加强人与人之间的联系，为员工提供互相信任、和谐友好的环境。

③ 实现强烈视觉冲击。企业应借助设计来凸显自身的记忆点，从视觉上增强企业形象的冲击力和感染力，进而强化社会公众对自身的印象，达到吸引眼球和促进传播的目的。

④ 保持风格统一。企业应在遵守基本原则和突出自身理念的基础上保证设计风格的一致性，确保视觉识别系统设计实现有变化的统一，进而达到强化视觉效果的目的。

3.2.4 行为识别系统

企业行为识别系统具有动态化的特点,能够从行为上落实企业文化理念,同时也要求企业员工在企业的各项运营活动中保持语言及行为的一致性和规范化,以便向社会公众展示标准规范且符合企业文化理念的企业形象。

企业的行为识别系统主要由两部分构成(图3-6):一是对内系统,主要包含企业环境、员工教育、员工行为规范;二是对外系统,主要包含产品规划、服务活动、广告活动、公关活动。

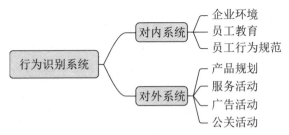

图 3-6 行为识别系统的构成

(1)对内系统

① 企业环境。企业环境的构成因素大致可分为以下两类。

- **物理环境**:视觉环境、听觉环境、嗅觉环境、温湿度环境和环境装饰等。
- **人文环境**:领导作用、合作氛围和企业员工的精神风貌等。

为了树立良好的企业形象并保证员工的身心健康,企业需要打造并向社会公众展示一个具有整洁、和谐、积极、稳定、互相协作等特点的企业内部环境。

② 员工教育。企业中的员工在性格、习惯、学识、个人修养等多个方面均存在差异,为了确保所有员工的行为都能达到行业的整体要求,企业需要通过员工教育培训来提高员工行为的规范化程度。

具体来说,员工教育主要由干部教育和一般员工教育两部分构成。

- 干部教育主要涉及法制教育、政策理论水平教育、决策水平及领导作风教育等内容。
- 员工教育主要涉及经营宗旨、企业精神、服务态度、服务水准和员工规范等各项与员工日常工作相关的内容。

③ 员工行为规范。企业需要利用行为规范来确保员工在工作中的各项行为的规范性和一致性。一般来说，员工行为规范化主要体现在以下两个方面。

- 提高员工行为的规范化程度的过程。
- 员工行为在相关准则的作用下实现规范化的结果。

具体来说，员工行为规范主要涉及职业道德、仪容仪表、见面礼节、电话礼仪、迎接礼仪、宴请礼仪、舞会礼仪、谈话态度与礼节和体态语言等内容。

（2）对外系统

① 产品规划。产品规划是企业塑造产品形象的基础。一般来说，产品形象主要由产品的名称、包装、功能、质量、价格和营销手段等内容构成，其中，产品质量是产品形象的核心，因此企业在进行产品规划时必须保证产品质量。产品规划离不开市场调查、产品开发、产品设计和销售策略等内容。具体来说，企业在进行产品规划时需要先通过市场调查来了解消费者需求，再针对消费者需求进行产品开发和产品设计，最后制定相应的销售策略，明确产品形象定位，加深消费者群体对产品的印象。

② 服务活动。服务活动主要包括售前服务、售中服务和售后服务，这三类服务分别对应产品销售的三个阶段，服务活动需要企业与社会公众直接接触，因此企业可以借助优质的服务在消费者群体中塑造良好的企业形象。同时服务活动的目的性、独特性和技巧性也能够对企业形象产生影响，因此企业必须将诚信作为开展各项服务活动时的准则，确保能够为消费者提供方便。

③ 广告活动。广告主要包含产品形象广告和企业形象广告两种类型。

- 产品形象能够借助商标、质量、营销手段等在消费者心中留下印象，产品形象广告能够吸引社会大众的注意力，甚至在社会大众对产品的观感较好的情况下为企业赢得合作机会，推动社会大众由潜在客户转化为一般价值客户和高价值客户，进而为企业发展提供助力。
- 企业形象广告能够帮助企业树立商业信誉，提高企业的知名度和凝聚力，进而促进企业发展，帮助企业获取更大的利益。

④ 公关活动。公关活动是一种能够帮助企业提升信誉度和知名度的企业行为。任何企业都处于社会环境当中，需要面对复杂的社会关系，因此需要借助公

益性活动、文化性活动、展示活动和新闻发布会等公关活动来及时有效地回应社会公众关切，消除公共关系中存在的误解，降低负面影响，保护品牌声誉，提高社会公众对企业及企业产品的信任度。

3.3 企业文化理念的提炼

3.3.1 企业文化理念的提炼原则

企业文化之所以难以落地，主要是因为企业文化的理念体系存在问题。许多企业提炼出的文化理念都在一定程度上存在内容模糊不清、使命和愿景与实际情况不匹配、价值观华而不实等问题，如表3-2所示。

表3-2 企业文化理念体系的常见问题

问题	具体表现
内容模糊不清	愿景、使命、价值观没有被清晰地表述并以书面形式确定
使命、愿景与实际情况不匹配	表述过于空洞，逻辑不够条理
价值观华而不实	价值观难以被企业成员接受并落实

为避免出现以上问题，企业在提炼文化理念时可参考以下三条原则，如图3-7所示。

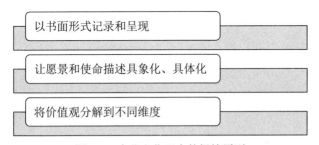

图3-7 企业文化理念的提炼原则

（1）以书面形式记录和呈现

为防止企业文化理念内容出现含糊不清的情况，企业可以通过书面形式来将企业文化理念准确、清晰地记录下来。譬如，华为的文化体系就是通过《华为基本法》这种书面形式确定下来的。企业的文化理念以文化大纲、文化手册等书面形式确定下来后，那么其权威性也会得以凸显。

（2）让愿景和使命描述具象化、具体化

企业在提炼自身的愿景和使命时一定要密切结合所处的行业、业务等要素，并且表述要尽量做到具体化与具象化。

Facebook曾于2017年正式宣布改变使命宣言，这个创立于2004年的企业，在拥有了20亿用户之后，将自身的使命、愿景从"赋予人分享的权利，让世界更开放更互联"调整为"赋予人创建社群的权利，让世界融为一体"。

与之前的企业使命相比，Facebook的新使命更加具体、清晰，直接表达了连接世界后需要做什么，以及达成后会有何种积极的效果，这种清晰、富有特色的表述，不会让人觉得苍白空洞。

（3）将价值观分解到不同维度

作为企业的核心与灵魂，企业价值观要尽量分解到不同维度，比如企业、团队、个体等，企业在提炼自身的价值观时，一定要贴合实际，千万不可华而不实。

阿里巴巴所提出的"新六脉神剑"价值观，就包含了企业、团队、个体三个层次的内容。

- 从企业层面表述核心价值主张："客户第一、员工第二、股东第三"。
- 从团队层面提供行为标准："因为信任所以简单"，"唯一不变的是变化"。
- 从个体层面提出对员工的工作要求："今天最好的表现是明天最低的要求"，"此时此刻、非我莫属"，"认真生活、快乐工作"。

企业的核心价值观可以为企业和全体员工提供清晰的行为指引，是其日常工作的行为准则，所以要尽可能地包含企业、团队与个体等不同的维度。

3.3.2 企业文化理念的提炼思路

（1）基本提炼思路

企业在提炼文化理念时，可以从"挖掘和整理""弘扬或摒弃""提升和推动""创新或引入"等维度切入进行思考，如表3-3所示。

表 3-3 企业文化理念的提炼思路

思维维度	具体内容
挖掘和整理	从企业经营管理实践中挖掘有价值的思想和经验，并将其整理为系统的文化理念
弘扬或摒弃	结合市场环境、企业发展阶段等，弘扬优秀的文化理念，摒弃不合理的文化理念
提升和推动	以科学性和可操作性为导向，对已有的文化理念进行完善和升级，并推动文化理念的落地
创新或引入	结合企业发展战略与发展环境，创新文化理念，或引入优秀的文化理念

Facebook 内部曾发起过全员大讨论，让全体员工一同思考以下两个问题。

- 当公司发展壮大后，我们要成为一家什么样的公司？
- 我们怎样对外描述在 Facebook 的工作体验？

经过对员工建议的不断挖掘与整理，Facebook 最终提炼出了自身独特的"黑客文化"。除此之外，Facebook 还充分挖掘了创始人马克·扎克伯格（Mark Zuckerberg）身上的特质，将其作为企业文化的基因，因为其管理层深谙企业 80% 的文化是由创始人定义的。

企业不仅可以通过挖掘创始人的个体特质来定义企业文化，还可以挖掘企业的元老级人物、主要领导等人身上的特质来定义企业文化。根据挖掘与整理到的个人特质提炼出企业文化后，企业还应该与时俱进，持续创新与改善自身的企业文化。

（2）组织管理原则

在提炼企业文化理念的过程中，企业既要注重内容方面的设计，也要注重组织管理。在组织管理层面上，企业应该遵循自上而下、全员参与的原则。

阿里巴巴集团在提炼"新六脉神剑"时，遵循的就是自上而下、全员参与的原则，其修订工作由上层推动，中层管理人员、基层员工以及合伙人也逐渐被发动起来，最终实现全体成员共同参与。阿里巴巴"新六脉神剑"的修订，一共经历了 5 轮合伙人会议与 467 名组织成员的激烈讨论，整个集团不同年龄、司龄、层级及岗位的员工皆参与了调研，征集了约 2000 条建议，经过 20 余次修改后终于定稿，并于 2019 年 9 月 10 日正式推出。

华为亦是如此，其核心价值观的提炼采用的也是自上而下、全员参与的组织方式。华为在2008年成立核心价值观整理工作小组，经过整理形成了当年的6条核心价值观讨论稿，并在公司内网核心价值观讨论板块上向全体员工征集意见。至今，华为依然保持在内网上讨论核心价值观的传统，且积极听取全体员工的建议和意见。

自上而下、全员参与其实是一个逐渐发酵、慢慢沉淀的过程，从某种程度上讲，它可以解决一部分理念体系的"认知、认同"问题。企业组织员工参与并听取员工意见，不仅可以体现对员工声音的关注，也可以使员工更快、更好地接受与传播企业的文化理念。

3.3.3 企业文化理念的提炼步骤

企业在提炼自身文化理念时，需要按照以下五个步骤逐一进行，最终完成提炼工作，如图3-8所示。

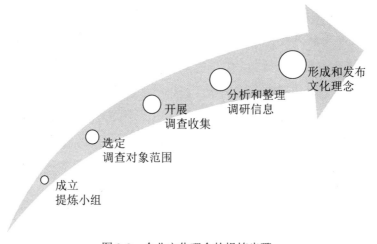

图3-8 企业文化理念的提炼步骤

（1）成立提炼小组

企业首先要成立专门的文化理念提炼小组，由企业领导者联合各部门领导牵头，并由人力资源部门协同组织，提炼小组需要全面负责企业文化理念的提炼工作。与此同时，可以利用责任清单与任务分解法来开展管理工作。

（2）选定调查对象范围

在进行提炼时，最好做到全员参与。在具体实践的过程中，若公司成员不多，那么可将范围覆盖至每位员工；若企业成员数量多，难以做到全覆盖，那么可以依照一定比例，抽取各年龄、司龄、层级、岗位的员工，最大程度上做到让员工全面、广泛地参与。

(3) 开展调查收集

提炼小组在收集信息时，可以采用不同的方法，譬如问卷法、观察法、座谈法、访谈法及资料分析法等。针对不同层次的员工，可采取不同的方法。

- 采用问卷调查的方法对企业的基层管理者与员工进行调研，同时可以借助公司内部论坛发起全员讨论，全面且广泛地征集基层员工的意见和建议。
- 采用访谈、座谈等方法对中层管理者进行调研，了解其见解与标杆员工的故事，与此同时，分析、整理从中层管理者处收集到的管理制度与管理文件等。
- 采用一对一深度访谈的方法与高层管理者进行对谈，掌握其对于公司的看法与期望，引导其阐述企业的发展历程与成功基因，并对其观点进行归纳与整理。

(4) 分析和整理调研信息

提炼小组要依据不遗漏、不重复原则，在调查收集工作完成后，分门别类地归纳、整理好相关问卷、资料数据等相关信息。工作人员在收集与整理这些信息时，要学会甄别信息与文化理念体系的相关性，要将与文化理念体系不相关的信息筛选过滤出去。

(5) 形成和发布文化理念

在分析与整理调研信息的工作完成之后，提炼小组要按照企业使命、愿景与核心价值观的具体内涵，提炼、归纳所有信息，并按照重要性对信息进行排序与筛选，然后构建企业的文化理念体系，最终按照书面形式进行定稿与发布。

按照以上步骤逐步开展文化理念的提炼工作，可以在公司内部营造浓厚的企业文化建设氛围，也能够使得员工记忆中模糊的概念逐步变得清晰与具体，有效提高员工对企业文化的认同。

3.3.4 企业文化理念的提炼方法

企业可通过解析经营活动、分解工作行为、进行价值排序等方式，来进行文化理念的提炼工作，确保提炼的高质量与高标准，如图3-9所示。

图3-9 企业文化理念的提炼方法

（1）解析经营活动，提取文化属性

企业在提炼自身的文化理念时，一定要着重剖析自身的经营策略与运营活动，提取其中的文化属性，打造贴合生产经营实践的文化标签，达成文化建设与经营实践相融合的目标。

企业的文化理念渗透于生产经营的各方面，贯穿于企业发展的整个过程，对企业的战略规划、管理制度以及员工行为具有重要影响。企业一定要掌握自身的经营状况、所在区域的发展特点、人员构成及管理现状等，以此来打造符合自身特性与发展需求的独特文化标签，增强企业文化的导向与渗透功能，促进文化建设与生产经营共同发展。

（2）分解工作行为，提炼文化词条

企业要学会将工作行为、工作流程等进行科学分解，逆向提炼与文化理念相关的词条。在进行问卷调研和访谈时，所提出的问题不要过于宽泛，比如"您觉得公司的文化特质是什么？"这类问题没有针对性，比较不容易回答，可以就工作现状、工作流程、工作行为等进行更加具体、详细的提问。

（3）进行价值排序，确立文化理念体系

通常情况下，在调研过程中会获得各种类型的价值理念，但是一定要注意筛选，选取那些与企业价值观念体系相关性强的进行提炼，而非将所有价值理念全部纳入文化理念中。一些价值理念的内容可能存在对立、相斥的关系，这些内容是不能共存的，要对其进行取舍。同时，每条价值理念的重要程度不同，一些价值理念之间还存在关联，所以要根据具体情况进行价值排序。

总之，企业首先要对自身价值体系有整体的把握，之后再对相应的价值理念进行排序，在排序过程中，要将企业的核心价值观放在首位。企业性质不同，关注的侧重点自然不同，其对价值理念的排序亦会大不相同。举例来讲，有些企业认为客户最重要，但有些企业则认为股东的利益更重要；有的企业能成功靠的是全体员工的积极工作与领导的正确引导，有的企业则靠的是技术的不断优化升级。不同的选择皆源于企业自身的规划和取舍，并无对错之分，重要的是这一决策与当时的经营环境是否相匹配。

此外，企业在对价值理念进行重要程度排序时，要关注企业的内外部环境。企业的内部环境主要指企业的组织结构、员工构成、发展阶段以及企业家的行事风格等；企业的外部环境主要指市场的变化趋势、行业的发展格局、国家经济发展情况、世界经济走势以及政府的各项政策等。

企业在价值排序的过程中，应遵循以下几条标准。

- 确立的价值观要能够有效指导企业工作，成为员工行事的最重要依据。
- 重点关注产品或服务品质、用户、员工、市场、诚信道德以及社会责任等基本维度。
- 注重参照企业领导者或权威管理者的人生理念与经营哲学。
- 不断更新，与时俱进，跟上市场变化，符合时代精神。

企业在确立自身文化理念体系时，要尽可能地用简短的语言来描述价值理念，做到言简意赅。若要清晰明确地传达理念，避免产生误解，可以在相应的价值理念后面辅以详细的解释，或附上相关的企业案例，帮助员工加深理解。

在完成价值理念排序之后，企业的文化理念体系便初步确立了，接下来要做的就是考察全体员工对于该体系的认可程度。若能够得到绝大多数员工的认可，便可以将其确立为所有员工共享的理念体系，最终成为全体员工的行为标准。

第 4 章

企业愿景与使命
落地实操

4.1 企业愿景的制定原则与关键

4.1.1 愿景制定的四个原则

企业愿景是决策层对企业发展方向和目标规划的归纳总结，是企业凝聚内部意志、增强业务能力的重要保障。在制定企业愿景时，企业需要结合行业的发展趋势及企业所拥有的资源优势，为员工设置发展的目标，提供明确的发展方向，以激励员工努力克服障碍，实现个人和公司的共同发展。

（1）企业愿景的构成

概括而言，企业愿景主要由两个部分构成，即核心意识形态和想象中的未来，如图4-1所示。

① 核心意识形态。主要包括核心价值观和核心目标两部分内容。核心价值观是企业生产运营过程中秉承的信仰，代表企业运营的基本原则；核心目标则是企业发展的最终目的。企业的核心意识形态，能够确保企业在市场波动和社会发展中保持自己的精神底色，维护企业文化的内核，增强全体员工的责任感和归属感。

② 想象中的未来。主要包括宏伟目标和达成描述两个部分。宏伟目标是指企业制定的长远的发展战略与目标规划；而达成描述则是指企业对发展战略与目标进行拆解，以确保企业未来战略的落地。

在企业运营的过程中，不管是核心意识形态，还是想象中的未来均不应是虚无缥缈的，否则无法起到激励和号召作用，而应该转化为形象生动的语言和具体现实的行动，以确保企业愿景得到有效阐释和实现。

（2）企业愿景制定的基本原则

企业在制定愿景的过程中，需要遵循以下几个基本原则，如图4-2所示。

① 清晰。企业愿景应保持清晰明了，易于被企业内外部所接受和认可。

迪士尼公司（The Walt Disney Company，DISNEY）的企业愿景为"成为全

球的超级娱乐公司"，这一愿景能够清晰地展现其利用创新和想象力为人们提供快乐和美好体验的根本目的。

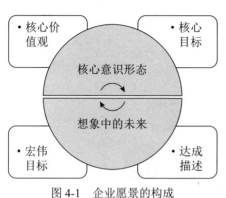

图 4-1　企业愿景的构成　　　图 4-2　企业愿景制定的基本原则

② 持久。愿景一般是持久的，能够贯穿企业运营的过程。尽管市场和行业在不断发展变化，但是成功的企业通常会坚持恒定的愿景。愿景与企业的商业核心紧密相连，能为企业带来持续稳定的业务增长，而且愿景也在一定程度上体现了企业对客户和业务的认知，反映了市场发展规模和公司运营能力，因而能起到长期的战略指导作用。

③ 独特。一个成功的企业，其愿景常常具有一定的独特性。独特性代表了这家企业与其他企业的差异，也是企业吸引客户的主要原因。当企业制定愿景时，如果只是对其他企业进行简单的模仿，那么很难发挥其应有的价值。

④ 服务。企业在制定愿景时，首先要考虑的不是企业自身的发展，而是评估企业能够提供怎样的产品或服务，能为社会创造哪些特殊的价值。售卖商品、提供服务和创造价值，这是企业在社会中生存下去的根本。

4.1.2　明确企业的核心价值

对于企业来说，愿景所体现的不只是企业的文化理念和核心价值观，还展现出了企业的崇高理想与远大目标，同时也是引领企业不断向前发展的动力源。那么，企业该如何制定愿景呢？

在制定企业愿景之前，企业首先要明确自身的核心价值与所肩负的使命。每个企业的定位不同，有的企业追求创新，有的企业注重社会责任，还有的企业关心客户的满意度，搞清楚这个问题也就找到了企业未来的发展方向。核心价值的确立是企业制定愿景的前提，它体现了企业的本质与使命，也是企业赖以生存的重要根基，企业确立自身核心价值时，可以从以下几个方面进行考虑，如图 4-3 所示。

图 4-3　明确企业核心价值的关键

① 回顾使命与愿景。明确企业使命，即认识企业生存的必要性和重要性；确立企业的愿景，即设立企业日后的发展目标与远大理想。考虑清楚这两个问题企业可以对其核心价值有更加深刻的认知。

② 注重产品和服务。产品和服务是展现企业核心价值的关键载体，只有熟悉、掌握产品和服务的特点，清楚其定位与竞争优势，才能更好地确定企业的核心价值。

③ 重视企业文化。企业文化是表达、传递企业核心价值的媒介，只有清楚企业的发展历史与文化传承，才能更加精准地确立企业的核心价值。

④ 了解客户需求。客户与企业之间来往频繁、关系密切，是企业得以生存和发展的重要因素，把握好客户的需求与心理有助于更好地确立企业的核心价值。

⑤ 分析竞争对手。研究清楚竞争对手的战略、产品、服务优势等，有助于企业更好地明确自身的核心价值，并以对方为参照，进一步加深对本企业的认知。

⑥ 可持续发展。企业在确定自身的核心价值时，一定要关注可持续发展问题，确保两者的目标保持一致，以保证企业未来的持续稳定发展。

⑦ 提炼核心价值。企业应尽可能全面考虑与核心价值相关的所有因素，提炼出符合企业发展的核心价值，并尽量做到言简意赅，便于宣传，同时也要注意突出自身的特征与精华。

综上所述，企业在确立核心价值时要从多个角度切入，从多方面考虑，同时进行综合分析，以形成企业特有的核心价值。

4.1.3 了解市场和竞争环境

客户需求、竞争对手及行业发展趋势等，对于企业日后的发展方向与目标设定有重要影响。充分了解市场和竞争环境是制定企业愿景不可或缺的一个环节，了解市场和竞争环境的方法主要有以下几种，如图4-4所示。

图4-4 了解市场和竞争环境的主要方法

① 开展市场调研。在市场调研的过程中，企业需要对市场需求、消费者行为，以及竞争对手等情况有更进一步的了解，从而更好地进行产品定位，准确把握目标市场，制定竞争策略。

② 分析行业趋势。企业既要"踏实走路"，也要"抬头看路"，要积极了解自身所处行业的未来发展趋势或转型方向，抓住稍纵即逝的市场机遇，摸清行业发展大势，更好地为企业的发展掌舵领航。

③ 研究竞争对手。深入了解竞争对手的企业战略、产品特点及所占市场份额等关键信息，并以此作为自身选择目标市场、确定竞争策略的重要参考。

④ 收集市场情报。获取的市场情报越多，就越能准确分析市场的最新情况与变化趋势。据此可以对市场与竞争环境做出更加清晰的判断，以便制定更具科学性的企业战略愿景。

⑤ 了解政策法规。企业的发展不可避免地会受到政策法规的影响，企业要随时关注相关政策法规的变化，并对发展战略进行灵活调整，使之契合政策法规的要求。

⑥ 关注经济环境。企业的发展必然会受到经济环境的影响，企业需要密切留意行业的经济情况、宏观的经济形势，以及消费者的需求变化等因素，准确分析市场需求与发展趋势。

综上所述，可以通过多种方式了解和掌握市场和竞争环境，借助这些方式，企业可以更加清晰、准确地了解市场的发展趋势和竞争环境的变化，从而在制定企业愿景时做到有据可依。

4.1.4 制定长期发展目标

企业要依据所确立的核心价值和了解到的市场和竞争环境信息来树立长期发展目标。确定目标时要注意兼顾挑战性与可实现性，这样才有助于促进企业的发展和进步。确立长期发展目标也是制定企业愿景的核心步骤，这代表了企业在日后较长一段时间所要达成的目标，展现的是企业长远的发展方向。企业制定长期发展目标时可以参考以下策略，如图4-5所示。

图4-5　企业制定长期发展目标时的主要策略

① 结合核心价值。企业在制定长期发展目标时，要与企业的核心价值结合，要在目标中融入企业的使命与愿景。同时，不要忽视市场与竞争环境可能带来的影响，保证目标的可行性与挑战性。

② 判断市场和竞争环境。确立长期发展目标前，要深入分析、判断市场与竞

争环境，了解市场需求，洞悉竞争对手的核心竞争力，科学合理地制定长期发展目标。

③ 设定多个目标。企业的长期发展目标是一个包含市场、财务及人才等目标的多元化目标体系，该体系中的各要素需要互相协调，以保证整个企业的平衡、协调发展。

④ 关注可持续性。企业在制定长期发展目标时，需要考虑到其发展的可持续性，企业在考虑短时间内取得最大经济效益的同时，也要兼顾社会责任。

⑤ 确保目标清晰具体。长期发展目标必须清晰具体，兼顾可衡量性与可实现性。同时，为保证目标的顺利达成与企业的持续发展，企业要定期对整个目标体系进行严格的评估和有效的调整。

⑥ 构建支撑体系。建设强有力的支撑体系能够为长期发展目标的达成提供坚实保障，企业可以考虑制定相应的管理制度、设计相应的组织架构等，为长期发展目标的实现构筑坚实的基础。

综上所述，企业在制定长期发展目标时要全面把握关键因素，只有处理好这些核心问题，才能更加科学、精准地制定长期发展目标。此外，企业在制定长期发展目标时，尤其需要注重创新战略。所谓"创新战略"，是指企业根据自己所处的内外部环境变化来搜索、选择、实施，以及获取新创意的系统性过程。该战略的实施需结合组织、战略、环境三方面，使其达到动态平衡，这样才能为企业获得可持续的核心竞争优势。

企业要清楚地认识到，企业愿景的实现离不开持续的创新，企业只有不断地创新产品、服务与商业模式，才能够应对市场的快速变化及客户的多样化要求。企业在制定创新战略的过程中，一定要重点关注以下三个方面。

- 企业保持可持续性竞争优势的关键在于取得"质变"，即突破性创新。
- 企业既可以在组件层面进行创新，也可以在整个系统框架上进行创新，同时要注重创新平台与技术的应用。
- 制定创新战略之前，要注意考虑企业各方面的特征，探索战略创新的不同方面。

综上所述，企业在制定创新战略时切忌刻板生硬，要注意灵活多变，既要跟得上市场环境的变化，也要有预见性和超前性，以指引企业更好地向前发展。

4.1.5 人才培养和团队建设

人才是企业发展的重要支撑,企业想要留住优秀人才就要为其打造良好的平台,提供有助于其发展的环境,营造和谐的工作氛围。这就涉及企业愿景的两个关键点,即人才培养与团队建设,若想做好这两点,可采取以下举措,如图4-6所示。

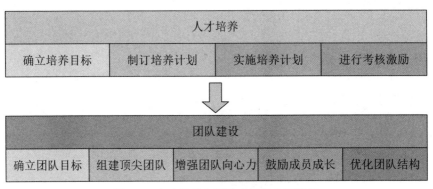

图4-6 人才培养和团队建设的主要举措

在人才培养方面,可以着重关注以下几点。

① 确立培养目标。企业要按照自身的战略目标与市场需求来确立人才培养目标。不同的人才要确定不同的培养方向,比如对于管理型人才,可以培养其走向行政岗位;对于专业技术人才,可以让其在专业技术岗上发光发热。

② 制订培养计划。依照培养目标来制订囊括培训内容、培训方式、培训时间等的培养计划,并确立包括考核方式的实施方案。

③ 实施培养计划。根据制订好的培养计划,进行内部培训、外部培训及实践锻炼等系统化的培养活动。

④ 进行考核激励。可以通过考核评估等形式对员工的培训情况进行检验,再依据考核成绩来给予员工相应的奖励或进行培养计划的调整。

在团队建设方面,可以着重关注以下几点。

① 确立团队目标。按照企业的战略目标来确立团队的发展目标,使二者彼此配合、相互协调。

② 组建顶尖团队。通过招聘等方式吸引外部人才,通过培养、选拔等方式留住内部优秀员工,在企业内部组建强有力的团队,并让能力不同、专业不同的人

才融入团队之中,提高团队的整体水平。

③ 增强团队向心力。组建好团队后,要促进团队成员之间的良好沟通与紧密协作,加强成员彼此间的信任,强化团队的向心力与凝聚力。

④ 鼓励成员成长。鼓励每位成员在团队中发挥自身的特长与优势,企业为其提供发展的平台与成长的空间,实现个体与团体的共同进步。

⑤ 优化团队结构。按照确立的团队目标和团队发展现状来优化团队结构,为团队提供所需的各项配置,持续提高团队的能力和水平。

综上所述,企业愿景的制定与实现离不开人才培养与团队建设的保障与支撑,企业若要实现可持续发展,就要重视人才培养与团队建设,制订合理计划,建设优秀团队,不断增强企业的竞争优势。

4.1.6 持续改进管理流程

企业愿景的实现是一个漫长的过程,其间需要根据具体情况不断地对愿景进行调整与优化。因此,企业要有进取意识,持续改进管理流程,只有这样才能够使企业运营与管理流程得到优化,从而提升企业的生产经营效率,实现经济效益的最大化。下面主要介绍持续改进管理流程的举措,如图4-7所示。

图 4-7　持续改进管理流程的举措

① 深耕精益文化。企业应该培养不断进取的意识,构建精益文化,同时鼓励员工参与其中,积极提出相关建议,并将合理的建议纳入整个企业的管理流程之中。

②明确改进目标。在企业的发展过程中,外部竞争环境与市场需求都在不断发生变化,企业也在不断壮大,这就需要企业根据这些因素来明确自身改进目标的重点,并尽量使其细化、清晰、可达成。

③分析关键问题。企业要对目前的业务流程、产品服务等进行全方位分析,找到其中存在的关键问题,并分析出相关原因。

④制定改进方案。按照前一步的分析结果来制定包括改进目标、实施计划、时间安排,以及资金预算等在内的具体改进方案。

⑤实施改进方案。根据改进方案,采用合适的方法与措施,有序推进改进工作的落实。同时,在落实改进工作的过程当中,要随时掌握工作进展,必要时可以建立相应的监控机制。

⑥评估改进效果。最后要对改进的效果进行评估,若效果未能达到预期,则要快速对改进方案进行调整。

⑦巩固改进成果。对于得到的改进成果要不断巩固、持续完善,这是一个循环的过程,在这个过程中要及时总结经验、吸取教训,并将积累的宝贵经验应用到日后的工作中。

综上所述,作为企业愿景实现的关键环节,持续改进管理流程可以帮助企业不断提升自身的竞争能力和适应能力,有助于企业稳步壮大,取得长期成功。

4.1.7 兼顾经济效益与社会责任

企业要想持续长久地发展下去,就不能只顾眼前的经济效益和短期利益,而要放眼未来,考虑到社会责任,实现经济效益和社会效益的双赢。这就要求企业在追求经济效益的同时,也要积极承担起对社会的责任与义务。在这个过程中,企业应该注意以下几个方面,如图4-8所示。

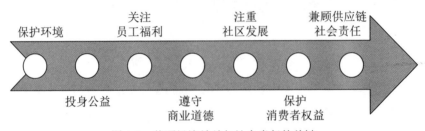

图4-8 兼顾经济效益与社会责任的关键

① 保护环境。企业在生产经营过程中应尽量选用环保材料，采取环保措施，减轻环境污染与资源破坏，通过提高资源利用率、减少废弃物排放等方式来实现企业的绿色生产与可持续发展。

② 投身公益。企业应积极投身公益，支持教育、医疗、扶贫等事业的发展，在需要的时候提供人力援助或进行物质捐赠。

③ 关注员工福利。企业要改善员工的福利待遇，并为其提供充分的发展空间，从而保障员工的福利与权益，提高员工的工作热情与积极性，加强企业的人才储备。

④ 遵守商业道德。企业应严格遵守商业道德规范，做到诚信经营，树立良好的企业形象，赢得消费者的信任与支持，切忌虚假宣传或欺骗消费者。

⑤ 注重社区发展。企业在发展自身业务的同时，也应兼顾所在社区的发展，与周围居民建立良好的关系，积极参与社区的规划，为社区事务建言献策，并提供相应的帮助，从而在促进社区发展的同时树立自身良好的公众形象。

⑥ 保护消费者权益。企业要关注产品质量与生产安全问题，保障消费者的各项权益，提高消费者的满意度与忠诚度。

⑦ 兼顾供应链社会责任。企业不仅需要关注自己的社会责任，也要注意供应链上下游企业的社会责任履行情况，需确保供应商与合作伙伴等都遵守相关法律法规与道德规范，并保障员工的权益与福利。

综上所述，企业的社会责任涵盖环境保护、社会公益、员工福利、商业道德等多个方面，企业在追求经济效益的同时要积极履行社会责任，树立良好的企业形象，为日后的可持续发展奠定坚实基础。

4.1.8　保持灵活性与敏捷性

在企业的生产经营过程中，外部环境及市场需求是瞬息万变的，这就需要企业保持灵活性与敏捷性，能够根据变化来及时调整战略。保持灵活性与敏捷性是制定企业愿景的关键，其可以帮助企业及时调整战略与业务模式，从而提升自身的核心竞争力。企业在保持灵活性与敏捷性的过程中可以参考以下措施，如图4-9所示。

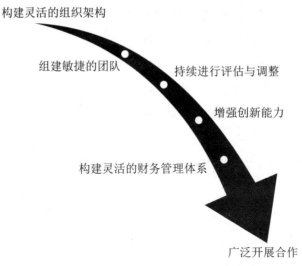

图 4-9 保持灵活性与敏捷性的主要措施

① 构建灵活的组织架构。为方便迅速应对市场变化，满足客户需求，企业应建立跨部门协作机制，搭建扁平化管理结构，以及设置灵活岗位，来构建具有一定灵活性的组织架构。

② 组建敏捷的团队。企业要做到居安思危，在内部组建一支敏捷的团队，凭借其敏捷的思维与迅速的反应能力来应对市场的变化及未来发展的各种不确定性，这样企业就能够及时进行业务模式与战略目标的调整。团队的建立可以通过跨部门学习培训、培养员工创新思维、创建迅速响应机制等手段实现。

③ 持续进行评估与调整。面对外部市场的变化及未来发展的不确定性，企业应持续评估这些因素给企业愿景带来的影响，并通过市场调研分析、战略规划改进等方式及时作出调整。

④ 增强创新能力。为适应市场的变化，满足客户的需求，企业应不断通过加大研发投入、创新文化，以及鼓励员工创新与尝试等方式来探索新的业务模式、产品与服务，培养员工的创新思维，增强团队的创新能力。

⑤ 构建灵活的财务管理体系。灵活的财务管理体系于企业而言是至关重要的，它可以帮助企业迅速调整财务策略与资金管理办法以应对市场的不确定性。企业可以通过强化现金流管理、创建弹性预算等方法来构建灵活的财务管理体系。

⑥ 广泛开展合作。企业应积极与合作伙伴建立牢靠的合作关系，依靠积极构建战略联盟、强化供应链管理、不断拓展渠道等方式来应对外界各种变化。

综上所述，企业赢得未来与引领可持续发展的关键在于保持灵活性与敏捷性，通过以上措施可以助力企业提升创新能力与环境适应能力，实现自身的良性发展。

4.2 使命陈述、管理及落地机制

4.2.1 企业使命的内涵与构成

"现代管理学之父"彼得·德鲁克（Peter F. Drucker）提出了"企业使命"一词，并在《管理：任务、责任和实践》一书中指出，企业若要明确自身的使命，就必须找到"企业是什么样？""企业应该是什么样？"以及"企业未来将会是什么样？"三个问题的答案。

明确企业使命是企业在制定经营战略时的首要任务。具体来说，企业使命既能够在一定程度上反映企业的根本性质和存在理由，也可以被看作基于服务对象性质的长期发展规划，企业可以根据企业使命来进一步确立战略目标并制订战略计划。具体来说，企业使命的主要功能如图 4-10 所示。

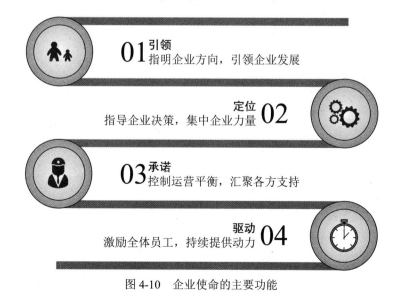

图 4-10　企业使命的主要功能

（1）企业使命的概念与内涵

概括而言，企业使命是指企业基于社会责任、义务和自身发展需求所要承担的任务，它为企业明确了自身的经营哲学和企业宗旨。

① 经营哲学。经营哲学是企业在生产经营过程中长期坚守的信念、价值观和行为准则，也是企业中所有员工共同的信念和价值观念，它既能够反映企业管理者的经营理念、发展目标和重点关注内容，也能够总结和归纳企业的成功经验，为企业制定和实施经营战略提供支持，帮助企业明确各项经营活动的基本性质和方向。

② 企业宗旨。企业宗旨指的是企业在当前和未来的性质、经营范围、业务内容、服务对象、发展方向。企业可以基于企业宗旨来制定符合企业愿景和目标的发展战略。

（2）企业使命的主要构成

企业使命可分为对外和对内两部分，如图4-11所示。

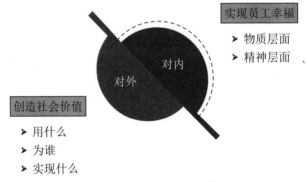

图4-11　企业使命的主要构成

① 对外：创造社会价值。一般来说，不同的人对企业使命的理解和看法各不相同。比如，京瓷集团的创始人稻盛和夫认为京瓷的企业使命是为社会做贡献，而德鲁克则认为企业使命应该是创造顾客。企业使命中主要包含以下三项关键要素。

- **用什么**：企业具有传承、运用和创新人类文明成果的作用，这一要素应重点阐述企业在经营管理过程中所应用的人类文明成果。
- **为谁**：企业要找准目标客户群体，并通过精准的客户定位和清晰的市场细分来充分发挥自身功能。
- **实现什么**：企业要了解客户需求，并对客户需求进行分析，以便有针对性地完成产品研发、产品制造和产品销售等工作，为客户提供方便的同时充分发挥产品的客户价值和社会价值。

② 对内：实现员工幸福。企业应通过提升员工幸福感来增强员工的工作动力，从而达到优化产品、服务和营销的效果，提高客户的满意度。由此可见，员工的幸福感是企业提高客户满意度和创造社会价值的内驱力。企业需要帮助员工明确发展的方向和意义，在物质和精神两个层面上提升员工的幸福感，以便推动各项管理机制和方法快速落地。

总而言之，企业使命既能够打动客户，在企业与客户之间建立长期连接，为企业发展提供助力，也能够确保员工在工作方向上的一致性，有利于提高各项行动的有效性和整体工作效率。按照企业使命运行的企业可以据此对工作内容和资源配置进行评估，衡量各项工作的有效性和资源配置的合理性，从而提高战略规划的有序性和自身的社会价值创造能力，实现长期健康发展。

4.2.2 使命陈述及其评价标准

（1）使命陈述的定义

使命陈述主要包含企业的愿景、目标、价值观和行为规范等内容。

① 使命陈述是对企业的本质、使命、目标、愿景、战略、信念、价值观、企业哲学等内容的具体阐述。

② 使命陈述是企业遗传密码的组成部分，也是企业开展各项经营管理活动的原因，它能够阐明企业的独特性和存在理由，定义企业特有的产品和业务范围，指明企业的发展目标和服务对象。

③ 使命陈述不仅可以作为企业的战略管理工具，为企业指明发展方向，并为企业制定战略决策和落实战略活动提供支持，同时也能够帮助企业规范员工行为，指导员工工作，塑造企业形象。

④ 使命陈述代表了企业的价值观、道德标准等，能够提高员工行为的规范化程度和企业的凝聚力，以便保证员工高效完成工作安排，快速达成工作目标，进而达到提高企业发展速度的目的。

（2）使命陈述的评价标准

使命陈述的评价标准可分为要素标准、利益相关者标准和使命陈述职能标准三种类型，如图4-12所示。

图4-12 使命陈述的评价标准

① 要素标准。要素标准是基于使命陈述中的各项特定要素的全面性评价标准。就目前来看，针对要素标准的研究可以按照其包含的要素数量划分为"九要素说""二十五要素说"和"二要素说"等多种类型。其中，九要素评价标准是较为典型的一种要素标准，这一标准的提出者是美国管理学家弗雷德·大卫（Fred David），他认为完整的使命陈述应由客户、产品或服务、市场区域、技术水平、增长与盈利、经营哲学、自我认知、人力资源和社会责任九项要素构成。

- **客户**：客户是企业的服务对象，企业应围绕客户来制定使命陈述，并根据客户需求确定自身的经营方向。
- **产品或服务**：企业为客户提供的产品或服务是企业活动类型的基本要素，能够影响到企业的收益和经营情况，企业可以通过产品描述来帮助客户了解产品，认识企业。
- **市场区域**：市场区域是企业当前及未来参与竞争的区域。
- **技术水平**：技术水平能够在一定程度上体现出企业的产品质量或服务质量，企业可以根据技术水平来衡量自身的技术竞争力。
- **增长与盈利**：增长与盈利指的是企业推动业务增长和提高盈利水平的方式方法，这一要素能够反映出企业的盈利能力。
- **经营哲学**：经营哲学指的是企业在生产、经营和管理的过程中长期坚守的信念、价值观、行为准则和精神追求，良好的经营哲学能够为企业的发展提供一定的保障。

- **自我认知**：自我认知是指企业对自身的优势和特殊能力的认知。
- **人力资源**：人力资源是企业使命的重要组成部分，通常涉及员工招聘、选拔、考评、福利、薪酬和发展等内容。
- **社会责任**：社会责任指的是企业在通过生产经营活动获取利益时所需承担的社会义务。

② 利益相关者标准。利益相关者标准是一项基于利益相关者理论的标准，主要用于衡量使命陈述对企业的各个利益相关者所需履行的义务的阐述情况。成熟完善的使命陈述应体现出企业对其利益相关者的利益和需求的关注，支持企业落实使命中的各项内容，进而获得各个利益相关者的支持，助力企业实现长期稳定发展。

不仅如此，企业在使命陈述中阐述利益相关者的利益和需求还能够在一定程度上为企业管理者确立战略决策提供助力，让企业管理者能够进一步明确企业的发展方向和各项生产经营活动的落地方法，并最大限度利用各项资源。

③ 使命陈述职能标准。使命陈述职能标准指的是一项用于衡量使命陈述的作用和企业目标的实现情况的标准。具体来说，使命陈述职能标准如图4-13所示。

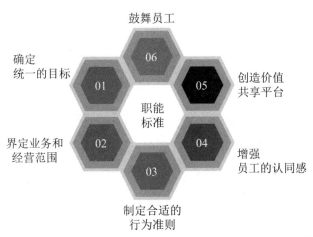

图4-13 使命陈述职能标准

（3）使命陈述的作用

对企业来说，使命陈述主要可以发挥以下作用。

① 使命陈述是企业开展和落实各项战略活动的基础，企业可以借助使命陈述来明确未来的发展方向，并据此合理安排各项经营活动，防止出现企业发展偏离

计划等问题,从而确保发展方向的正确性。

② 使命陈述能够在一定程度上发挥企业文化的作用,帮助企业阐述宗旨、价值观、行为准则和经营理念等内容,提高员工和管理者等企业内部人员对企业的忠诚度,以及客户和社会公众等企业外部人员对企业的认知度,从而达到提高品牌知名度和树立企业形象的目的。

③ 使命陈述能够提升企业员工的凝聚力和协同性,激励员工互相协作,共同推动企业快速发展。

4.2.3 企业使命管理及其任务

企业若要增强组织的驱动力,就必须先增强员工的驱动力,对工作饱含激情的人通常具有更强的驱动力,因此,企业需要帮助员工明确工作任务,激发员工内心深处对工作的激情,并使他们明确组织使命。当企业在进行使命管理时,企业中的各个组织需要完成自我评估、重审使命、破除陈规陋习、进行充分沟通和交流、呼唤卓越的管理者等任务,如图4-14所示。

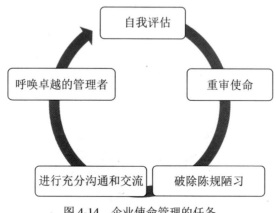

图4-14 企业使命管理的任务

(1)自我评估

自我评估有助于企业了解自身的社会责任,认识到自身的各项活动和行为对社会所造成的影响。近年来,市场经济飞速发展,在这种情况下,为了获取更多公众的信任,赢得更大的竞争优势,企业需要肩负起更大的社会责任。

(2)重审使命

重审使命指的是企业根据组织环境的变化情况定期对自身使命的定位进行审

视和更新，确保自身使命始终与不断变化的实际情况相契合。

（3）破除陈规陋习

破除陈规陋习指的是企业打破固有等级制度，创新管理模式。传统的管理模式是指采用上下级结构的金字塔型管理模式，在这一模式下，所有员工都要使用命令和控制式的语言在组织内部工作。由此可见，传统的管理模式具有维持组织内部秩序的作用，但同时也限制了企业创新，导致组织僵化等问题，因此企业需要对管理模式进行革新。

（4）进行充分沟通和交流

企业应借助有效的管理来保障成员间充分的沟通和交流，从实际操作上来看，企业需要采取以下几项措施。

- 打破上下级之间的界限，让组织的领导人员走进组织成员中间，以便进行充分的沟通和交流。
- 破除传统的金字塔式管理体制，重新建立具有灵活性、流动性、扁平化等特点的组织结构，以便优化领导力分配。
- 以组织使命为中心连接起所有的组织成员，充分激发所有组织成员的创造力，以便以更快的速度实现组织的战略目标。

（5）呼唤卓越的管理者

卓越的管理者不仅要对组织的未来发展有一定的构想，还要能实现自身的价值，在组织中起到榜样作用。为了增强自身的领导力，组织管理者需要明确组织的使命和发展方向，并充分发挥自身作为榜样作用，带动组织成员向着组织使命不断努力，积极推动组织发展。

领导力的作用主要体现在"做人"方面，因此，领导者的道德水平、人格魅力等是影响组织绩效的决定性因素。一般来说，成功的领导者大多具有自己的信仰、价值观和原则，并据此对组织进行有效管理，同时还充分发挥人格、思想和道德的作用，带领整个组织共同努力，推动组织目标的早日实现。

4.2.4 企业使命落地机制及要点

为了实现快速发展，企业需要组建一支具有共同使命的团队，并确保团队中的所有成员都能够向着共同目标努力。从实际操作上来看，企业应打造良好的使命落地机制，强化员工的自我管理，让员工自发为实现共同目标而奋斗。

（1）使命分解

企业使命的落地，首先要对使命的内涵和外延进行分解，充分把握使命描述中的关注要素、业务范围和自身优势等内容，以便围绕使命来确立战略目标，制订具体可行的行动计划。

华为将"聚焦客户关注的挑战和压力，提供有竞争力的通信解决方案和服务，持续为客户创造最大价值"作为自身使命，并将该使命分解成以下四部分。

- "为客户服务是华为存在的唯一理由，客户需求是华为发展的原动力。"
- "质量好、服务好、运作成本低，优先满足客户需求，提升客户竞争力和盈利能力。"
- "持续管理变革，实现高效的流程化运作，确保端到端的优质交付。"
- "与友商共同发展，既是竞争对手，也是合作伙伴，共同创造良好的生存空间，共享价值链的利益。"

华为在使命分解的基础上确立了以客户需求为导向的发展策略和使命落地路径，提高了对客户投资的保护力度，帮助客户减少战略性投资、滚动性投资等资本性支出和维护费用、营销费用、人工成本、折旧费等运营支出，从而达到增强自身的客户竞争力和盈利能力的目的，以便获得更大的市场空间。

（2）使命量化

为了进一步明确自身的战略目标和存在理由，企业需要从经济性、社会性和精神性等多个方面对使命进行量化处理，提高计划的可实施性，以及战略目标的可操作性和可量化程度，加快使命落地速度。

沃尔玛将"永远低价"作为企业使命，并以该使命为中心持续推进低成本战略、仓储式购物、全球物流采购、卫星定位、职工持股和降低劳动力成本等经营管理工作。

沃尔玛基于企业使命分别制定了不同发展阶段的目标，具体来说：1945年，沃尔玛确立的目标为"十年内成为阿肯色州收益最高的企业之一"；1990年，沃尔玛将目标调整为"到2000年，将店铺数扩大到两倍，每平方英尺❶的销售额增长60%"；1997年，沃尔玛重新制定了"4年内成为10亿美元企业"的目标，积

---

❶ 平方英尺为英制面积单位，1平方英尺约等于929.0304平方厘米。

极响应利润增长战略。由此可见，只有具备清晰目标和明确使命的组织才能够坚定向前发展。

（3）使命实施

① 使命必须与企业经营相结合。企业作为以营利为目的的经济实体，使命的制定和落地必须与经营目标紧密结合。企业应确立符合实际经营情况的使命和目标，确保使命包含目标群体和市场、重要服务内容、客户价值和社会价值、专属区域、组织哲学等各项基本要素，并在使命实施的过程中加强对成本和时间等因素的控制。

② 使命必须与企业价值观相结合。在推进企业文化建设的过程中，企业应保证使命与价值观和谐统一。具体来说，企业需要提高所有员工价值观和行为的一致性，确保绝大多数员工认可和接受企业使命，并通过实际行动来促进企业使命的实现。换言之，拥有共同使命也是企业打造统一价值观和提高自身整体性的前提。

以惠普为例，惠普为各个分公司设置了统一的核心使命和核心价值观，打造出一套独特的经营管理模式——惠普之道，并在此基础上进一步提高了自身的经营业绩。

③ 使命必须与组织结构相结合。企业在管理方面应打破等级结构和各种边界，构建扁平化的组织结构，并将使命作为各项管理活动的评判标准，在推进各项管理活动之前先衡量该活动的决策、指令、计划和资源分配等行为与使命之间的一致性，并赋予企业内所有人挑战不符合使命的管理活动的权利，提高管理的民主性。

4.2.5 企业使命制定的注意事项

（1）企业使命定位应考虑的因素

从上文可以看出，企业使命对于企业的发展具有不容忽视的价值，而制定企业使命的第一步就是对企业使命进行定位。企业使命定位需要综合考虑以下因素。

① 外部环境。企业的外部环境主要涉及政治环境、社会环境、技术环境和经济环境等，企业应根据外部环境的变化对企业使命进行调整，以便及时把握发展

机遇并应对外部环境变化带来的风险。

② 领导者的偏好。企业的领导者应具有明确的人生观和价值观，在产品创新、产品品质、顾客服务等方面具有独到的见解，企业在制定企业使命时应将领导者的偏好作为使命定位的参考。

③ 企业的发展历史。企业使命定位应从自身的发展历史出发，根据以往的经验教训来对未来发展进行科学合理的规划。

④ 企业拥有的资源。企业拥有的资源主要涉及人力资源、金融资源、物资资源、信息资源和关系资源等，通过对企业所拥有的资源进行剖析，能够精准地把握企业的竞争优势，从而更好地进行企业使命定位。

⑤ 企业的核心能力。企业使命的定位应突出表现企业的核心能力和竞争优势，为企业未来的发展指明前进的方向。

⑥ 相关利益主体的要求与期望。企业相关利益主体指的是股东、员工、顾客、债权人、竞争者、政府、社区和公众等，他们的要求和期望通常也会在一定程度上驱动或制约企业的发展，因此也是企业使命定位需考虑的因素。

（2）企业使命表述应注意的问题

企业可以通过集中表达、分散概述等多种方式来表述企业使命，但同时也要注意以下几项问题。

① 使命界定要明确。企业使命界定有助于明确企业的发展方向。在使命界定环节，企业应确保使命的表述简洁、清晰、易于理解、方向明确，让企业能够借助企业使命来激励员工工作，打造企业形象，树立企业发展宗旨，进而帮助管理者明确企业发展方向，提高员工对企业使命理解的一致性，并帮助社会公众了解企业的业务和定位。

② 使命要以用户需求为中心。企业应根据用户需求来确定企业使命。用户需求通常具有较强的稳定性，在一段时间内的变化较小，基于用户需求制定的企业使命能够帮助企业在经营方面获得更大的主动权。具体来说，以产品为中心的企业，其经营情况会受到市场中其他产品的影响，难以快速适应市场变化，具有较强的被动性；而以用户需求为中心的企业具有较强的适应能力，在经营方面的主动性较强，能够灵活应对市场变化带来的挑战和机遇。

③ 使命应具备约束力。企业使命应体现出一定的限制性，能明确指出企业

在经营中的各项约束性行为。

贝尔本人创立的贝尔电话公司曾形成庞大的贝尔系统（Bell System），其下属的众多子公司在制定企业使命时均十分重视客户需求以及产品和服务的独特性，力图在成本、质量和社会效益等方面与其他企业没有较大差异的情况下让客户享受到其他企业无法提供的产品和服务。因此，在企业使命的约束下，这些公司致力于电信技术的研究，并成功垄断美国的电信事业达百年之久。

④ 使命需切实可行。企业使命在为企业提供创造力发挥空间的同时，还需对企业的危险行为进行控制，确保各项目标既具有挑战性，也具有较大的可行性，让所有成员能够共同努力推动各项目标落地。

⑤ 使命应反映企业的个性。企业使命应体现出企业的与众不同之处，这有助于企业获得明确的市场定位，并在业务运营的过程中精准获取目标用户。

⑥ 使命需具有鼓舞性和激励性。企业使命能够反映企业未来的发展方向，并对所有员工起到激励作用。一般来说，与企业社会价值密切相关的企业使命具有更强的鼓动性，既能够在一定程度上激励员工努力实现企业发展目标，也能够帮助企业打造良好的企业形象。比如，美国杜邦公司将"以优良的化学产品提高生活素质"作为企业使命，日本的 TDK 株式会社将"通过创造为世界文化、产业做贡献"作为企业使命。

综上所述，为了企业的长期生存和良性发展，企业需要全方位考虑各项相关因素，制定科学合理的企业使命，并遵循使命的指引来完成各项工作，同时也要根据内外部环境的变化及时对企业使命进行调整。

第 5 章

企业价值观的
落地与考核

5.1 企业价值观落地的五个阶段

5.1.1 宣传：构建组织符号体系

企业价值观的落地是一个漫长的过程，需要对已确定好的价值观进行深入宣传、推广等，直至被大部分员工所接受和认可。在这个过程中，除了长期的宣传与推广，还需使用一些机制辅助推进，比如约束机制、激励机制和保障机制等。

具体来说，可以将企业价值观的落地过程分为五个阶段，即宣传阶段、反馈阶段、制度阶段、领导阶段、转化阶段，如图5-1所示。其中，宣传阶段是企业价值观在组织中形成、巩固的首要阶段，在这一过程中，组织成员使用相关信息、特定符号进行沟通、交流，不仅加强了企业价值观的传播，也加深了组织成员对价值观的认知。

图5-1 企业价值观落地的五个阶段

符号体系对于企业价值观的形成与传播具有重要意义。企业员工作为社会人，主要通过各类组织符号体系来参与企业的生产经营活动，正是这些组织符号体系的使用才使得企业的规则、信念以及价值观等得以留存和延续。组织符号体系展现的是一个组织的基本认知和观念体系，企业员工在对符号进行理解和接受的过程中，企业价值观就得到了进一步强化，或者获得了再次改进或完善的机会。

常见的符号有以下三种类型。

- **言语类**：主要有传说、神话、故事、标语、流言、笑话等。
- **动作类**：主要有仪式、聚会、饮食、习惯、休息活动等。

- **物质类**：主要有地位标志、标识物、徽章、奖励品、成果作品等。

这三种类型的符号在组织的价值观宣传、推广的过程中都能够发挥自身特有的功能。通常情况下，强行推广企业价值观的效果并不好，员工的行动转化会因此较差。如果可以将企业相应的理念故事化，把故事理念化，同时配合有效宣传，将会取得不错的效果。

- **理念故事化**：企业的理念、基本思想及价值观等绝大多数较为抽象，所以企业相关负责人应将这些概念融进生动有趣的故事中进行推广、宣传。
- **故事理念化**：在企业文化的长期建设过程中，内部榜样人物的评选与宣传应与企业理念相契合，企业要学会从自身发展理念角度对榜样人物的事迹进行提炼与整合，并对符合企业文化的人物与事迹着重进行宣传报道。

价值观的宣传不能够仅凭书面文字或抽象语言，还要采取生动形象、易于被成员理解和接受的形式，并结合恰当的传播媒介与行动方案进行宣传，使其更容易被员工理解、接纳、认同，进而内化最终应用到自己的行动中。

5.1.2 反馈：建立有效沟通渠道

宣传栏、板报、企业内刊、研讨会、各类会议、微信群和 QQ 群等众多有效的沟通渠道也是价值观落地过程中的重要辅助。这些沟通渠道的使用看似简单，但要想真正发挥其传递价值观的作用，使相关理念被受众接受，却并非易事。

（1）价值观的沟通渠道

价值观的沟通渠道可分为正式和非正式两种。正式沟通渠道通常指遵循权力系统的自上而下的垂直型传播渠道；非正式渠道通常指不受权力等级限制的传播渠道，其传播方向是自由的，可以朝向任意方向。

① 正式沟通渠道。正式沟通渠道主要指组织系统内部按照某种组织原则来传递与交流信息的渠道，譬如举行会议、传达文件、上下级间的定期交流、团体组织的参观访问、市场调查等。

② 非正式沟通渠道。非正式沟通渠道主要指除正式沟通渠道外的所有形式的信息交流与传递渠道，可自由选择，不需要接受组织监督，是对正式沟通渠道

的有效补充。团体聚会、成员私下交流想法等都属于非正式沟通渠道的范畴，在很多组织中，决策所用到的情报有相当一部分是从非正式沟通渠道获得的。

总体而言，正式沟通渠道与非正式沟通渠道各有优缺点，具体如表5-1所示。

表5-1 正式沟通渠道与非正式沟通渠道的优缺点比较

沟通渠道	优点	缺点
正式沟通渠道	沟通效果好，比较严肃，约束力强； 保密性强，可以使信息保持权威性； 适用于重要的信息和文件的传达、组织的决策等	比较刻板，缺乏灵活性； 沟通速度慢； 依靠组织系统层层传递
非正式沟通渠道	沟通形式灵活，不刻板； 沟通内容简单直接，传递速度快	沟通过程难以控制，传递的信息不确切，容易失真或被曲解； 容易形成小团体、小圈子，不利于团队人心的稳定，影响整体的凝聚力

（2）沟通渠道的选择

在信息传递与交流的过程中，不同的沟通渠道会呈现不同的特性，选择合适有效的沟通渠道可以使信息得到更好的传播。企业在进行信息传递时，不同沟通渠道所传递的信息在丰富性与规范性上存在差别，如图5-2所示。

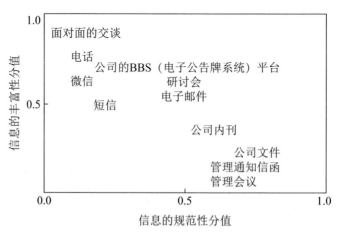

图5-2 不同沟通渠道传递信息的特性

信息的丰富性分值越高表明沟通中传递的信息量越大，所包含的信息线索越丰富，比如手势、语言、体态、面部表情、语调、肢体接触、即时反馈等都属于信息线索；规范性的分值越高则表明规范性越强，即所传递的信息更加直接明了、正式规范。

现代组织还会采用电子邮件、声音文件、备忘录、会议、公众号平台等多样化沟通渠道，不仅限于图中所列出的那几种。经验表明，公司对于自身所选择的沟通渠道一定要公开，并且高频率地使用，这样才可以取得较好的效果，才能使良好的沟通融入员工的工作、生活之中。

5.1.3 制度：价值观落地的基础

制度化是企业价值观落地的基础和重要环节，价值观的制度化主要有以下两层含义。

- 价值观是企业所推崇、倡导的价值理念，它需要依托具体制度来推进传播，使得每位员工都能从认知层面上接受。
- 企业的制度安排与战略选择应充分展现企业的价值观，员工所认可的价值理念需要转化成行动落实到企业的生产经营过程中。

企业的制度化运行，可以使内部员工对于一些基本行为形成一致的理解，这有助于加强员工对企业价值观的认同，所以对于企业而言，制度建设是十分关键的。企业在进行制度建设时应着重考虑以下三点，如图 5-3 所示。

图 5-3 企业制度建设的关键

（1）企业制度建设要以价值观为核心

企业价值观是企业管理制度形成与发挥作用的基础，企业制度的制定应以价值观为核心。作为企业价值观的直接体现，企业制度可以在一定程度上保障价值观的落地。

一般情况下，企业会将提炼好的企业价值观制度化，用来规范员工行为，管理员工思想，培养员工工作习惯，以保证企业战略目标的有效达成。在这个过程中价值观主要起到激励、约束、指导和凝聚等作用。因此，企业的制度建设既要受到价值观的制约，同时也要反映和体现企业的价值观。先进的价值观可以为企业制度赋能，为企业制度的推行肃清阻碍；反之，落后的价值观则会阻碍企业制度的形成。

企业的价值观不仅影响企业制度的制定，还会影响企业制度的贯彻落实以及最终的实施效果。不可否认的是，无论企业制度的约束力有多么强大，最终都要依靠员工的行动贯彻执行。所以，企业要利用自身的价值观来强化员工对公司制度的认知，为企业制度的执行保驾护航。企业价值观与企业制度是相辅相成的，企业制度的顺利实施可以加快企业价值观的落地，企业价值观的推广普及可以加快企业制度的执行，增强企业制度的实施效果。

（2）建立以价值观为导向的制度保障机制

基于价值观制定的企业制度能够对企业价值观的贯彻执行起到保障作用，推动企业价值观的顺利落地。不过在塑造企业价值观的同时，还需要健全相应的保障机制，具体可以从以下几个方面开展。

- 建立健全企业培训制度，尤其是新人的培训与教育制度，使新人自进入公司起便能够受到企业价值观的影响与感染。
- 积极举办企业庆典、技能竞赛、员工联谊以及优秀员工评选等活动，通过恰当的形式向员工宣传与推广企业价值观，并激励员工自觉贯彻执行企业价值观。
- 在企业价值观形成后，企业领导应深入基层，以身作则，发挥模范带头作用，通过各级领导者的身体力行来普及企业价值观，用实际行动来影响与感染员工。

企业除了建立一套完善的制度外，还需严格监督制度的贯彻与执行。事实上，目前许多企业都已建立了企业规章制度，也配备了相关的员工手册，可这并不意味着企业的制度建设已顺利完成,因为只有通过员工将其落实到生产经营的实践中才算成功。制度是用来监督、约束、引导、激励员工行为的,因此制度管理需要做到公平、严肃,要能够代表广大员工的利益,同时所有企业成员都要严格按照制度行事,以确保其权威性。如果不能达到以上要求,制度管理就无法发挥其真正的效用。

(3)企业制度是稳定性与动态性的内在统一

通常情况下,企业的价值观与企业的制度都应该是相对稳定而持久的。但这并不代表二者是始终不变的。随着社会的进步与发展,企业也需要不断变革和升级,所以其价值观可能也需要进行相应的调整与完善,在此基础上企业制度也要随之进行修改与补充。需要注意的是,制制度的改进需要以企业价值观为基准,不可以随意调整。

企业要想让企业价值观安全落地,就需要利用企业管理制度来监督、约束、指导、激励员工行为,使其自觉依照公司的规章制度来行事,并极力促进员工将这种行为转化为日常工作和生活的习惯。

5.1.4 领导:推进价值观的落地

"领导"作为动词时,主要指的是通过采用有效措施帮助组织整体达到目标的一种行为,通常是上级驱动下级工作。在这一过程中,领导者扮演着极为关键的角色,在整个企业价值观落地的过程中发挥的作用不容小觑,主要表现为以下几点,如图5-4所示。

图5-4 领导者在企业价值观落地过程中扮演的角色

（1）领导者是企业价值观的建立者与组织者

领导者决定着整个企业的生存与发展，企业的价值观等都是在领导者的组织管理中形成的，所以一定会带有领导者的个人风格，也可以说企业的价值观在一定程度上展现了领导者的价值观。

（2）领导者是企业价值观的实践者

如果企业的价值观只是以标语口号、文字记录以及会议文件等形式呈现，那么这种价值观是很难被员工从心底认可和接受的。价值观不能只停留在口头层面，而应该落实到实际行动中，特别是需要领导者身体力行，这样，价值观才会更具信服力。

（3）领导者是企业价值观落实的监督者

企业价值观从侧面体现了领导者的价值理念与领导风格。领导者不仅要在实际工作中不断推进价值观的落地，同时也要随时监督员工或下级部门，观察其是否存在不符合企业价值观的操作与行为，一经发现要立刻纠正，推动企业秉承既定的价值观前行。

（4）领导者是企业价值观变革的推动者

企业要随着企业的发展阶段与环境的变化对价值观进行相应的调整，使其与社会形势相符合；同样，在企业遭遇危机或面临挑战时，也需要对自身的经营策略与发展方向进行重新评估，并对企业价值观进行优化改进。无论出现以上哪种情况，企业的领导者都需要探索和确立价值观变革的方向，虽然这一行动或将受到多方面阻力，但领导者要发挥自身的决断力来冲破阻碍，重塑企业价值观。

通过上文对企业领导者角色的介绍，我们可以看出其在企业价值观落地过程中的关键作用。不过要想使企业价值观真正落到实处，只凭借领导者的推行是远远不够的，还要发挥员工的作用。对于不同的员工，领导者也应采用不同的管理方式，以加速企业价值观的落地。

企业价值观落地过程的快慢、效果的好坏，均与领导者的风格有较大关系。值得注意的是，领导风格也需要随着工作性质、行业发展、市场变化等相应调整。一种领导风格可能在某个企业内非常有效，但换到另一个企业可能就不奏效了，甚至还会起到相反的作用。因此领导者要懂得审时度势，凡事因时而异、因事而异，学会根据自身的特点融合各种管理风格，用多样化的管理风格来应对市场的各种变化，为企业价值观的成功落地提供坚实保障。

此外，领导者的重视程度将直接影响价值观的落地情况，所以领导者作为价值观的倡导者，应积极宣传企业价值观，并身体力行，以亲身行动去感染和影响员工，起到表率和示范作用。

5.1.5 转化：形成员工行为规范

（1）工作行为与价值观的关系

经过宣传、反馈、制度、领导阶段后，转化环节也是非常重要的，因为企业价值观只有得到全体员工的认可，并在员工日常工作中得到落实，才能够发挥其对企业发展的强大推动作用，促进企业长远健康发展。

理论与实践经验证明，企业文化的构建不仅要提炼企业的核心价值观，取得员工对核心价值观的认同，还要员工在认同核心价值观的基础上通过自己的言行来展现企业价值观，这样才算形成了完整的闭环，才说明企业文化建设取得了成功。

（2）员工工作行为的种类

作为一个职责分工明确的组织，企业中不同部门的员工担负着不同的责任，这些员工各自的行为模式也会对企业价值观落地产生不同程度的影响。根据员工在企业内职位级别的高低，可以将员工分为三类：高层、中层与基层员工。下面分别阐述这三类员工的行为对企业价值观落地可能产生的影响或者可以发挥的作用。

① 高层员工的工作行为。高层员工首先要明确自身作为管理者的价值观念，并据此来构建企业价值观；其次要做好价值理念的输出与传播，使其覆盖到下属所有员工；最后要确保自身的一言一行与企业价值观相一致，将企业价值观内化于心、外化于行。

② 中层员工的工作行为。中层员工既是高层员工的下属，又是基层员工的领导者，在企业运营中起到承上启下的作用，是上下级沟通的桥梁。中层员工首先要做到准确理解企业价值观的含义、价值及作用等，其次要将价值观清晰、有条理地传达给基层员工，使其能够正确理解企业价值观，在这个过程中可以借助培训会议等方式来为基层员工讲解企业价值观确立的过程、原因和贯彻实施方式

等；最后要对基层员工进行监督和管理，多与其进行沟通交流，使价值观在基层员工的实践中得以展现，并获得升华。

③ 基层员工的工作行为。基层员工是企业生产经营活动的直接实践者，能够为企业直接创造产品、服务和效益。通常情况下，企业中都是基层员工与客户或供应商等进行业务洽谈，可以说他们是企业形象的代言人与塑造者。所以，企业价值观是否真正落地，可以在企业基层员工的日常工作行为中找到答案。基于此，企业应该将目光更多地放在基层员工身上，帮助其了解、认可和贯彻企业价值观。

5.1.6 企业价值观落地的注意事项

作为企业文化的核心，企业价值观主要通过以上五个阶段完成转化落地。但落地并非终点，企业在长期发展过程中，应该将价值观的落地工作推进到底，在这个过程中需要注意图 5-5 所示的几个事项。

图 5-5　企业价值观落地的注意事项

（1）需要大量的宣传推广

无论是让价值观落地，还是对其进一步推进，都需要各方面的共同努力，这并不是轻易就能够达成的。价值观的落地不能够仅凭书面文字或口头语言，还要将蕴含企业核心价值观的内容积极地传播和推广出去，结合恰当的传播媒介与实际行动进行宣传，使其形式更加丰富多样，尽可能使价值观得到员工的理解和认同。

（2）领导者的重视是关键

领导者对企业的生产经营发挥着决定性的作用，领导者不仅是企业各项活动的推动者，也是企业价值观的塑造者。领导者是否重视企业价值观将直接决定价值观落地的顺利与否，所以领导者作为价值观的倡导者，应积极宣传、践行企业价值观，在价值观推广的过程中起到表率和示范作用。

（3）忌空洞

企业的价值观并不只是简单的口号或简短的标语，更是一种对正确的思想、思维和行为的倡导、实践与运用。企业价值观不能只停留在企业内刊、宣传册、领导讲话等宣传层面，更应该落实到企业的生产、经营和管理等各项活动之中，并使其在这个过程中不断得到强化，唯有这样才能够发挥其在企业发展中的价值。

（4）忌速成

企业价值观的落地并不是一蹴而就的，而应该是一个循序渐进的长期过程。同样，价值观对企业经营发展产生的深刻影响和重大作用也不是立刻就能显现的。在企业文化的建设过程中，员工的行为与价值观的统一很难快速达成，二者要经过很长一段时间才能够融合。因此，企业价值观的落实转化应是长久浸润、长期实践与逐步强化的过程，最终凝固为企业坚实的内核。

（5）上下一致性

上下一致性主要包含以下三种含义：企业内部从高层管理者到基层工作人员都应遵守企业核心价值观，企业所宣传的价值观与员工所遵守的价值观应该是一致的，员工的行动应与企业的价值观相符合。

作为企业的行为支撑，企业价值观能够为内部员工的行动提供准则和依据，若能够被员工理解和接受，将大幅增强企业的凝聚力。但是，如果企业宣传的价值观与实际推行实施的价值观存在较大差距，企业就无法顺利地完成价值观的落地转化，员工的认同感也会随之丧失，特别是当企业领导者不能以身作则时，更会使得企业的价值观难以落地。综上所述，个体言行的一致性、员工之间的一致性、企业宣传与实践的一致性都是企业价值观顺利落地的重要影响因素。

（6）内外一致性

① 内部一致性。企业文化的内部一致性即企业文化在公司内部是统一的。保

持内部一致性有助于企业文化发挥自身应有的作用，获得员工的普遍认可，还能使员工达成共识，形成共同的价值观和工作方式，共同在企业文化的指导和影响下工作，增强企业的凝聚力和向心力。如果企业文化的内部一致性不足，企业内部就容易出现单打独斗或各自为政的情况，使企业缺乏协调性，呈现出混乱的局面。

企业应对企业文化内部一致性的保持给予足够的重视，并相应地采取有效措施。首先，企业要明确企业文化都包含哪些内容，最好能清晰凝练地表达出来，增进员工对企业文化的理解，使员工更容易接受。其次，要从新员工入手，尽快培养起新人对企业文化的接受度，这有助于其融入企业团队。在招聘及入职后的培训中，企业可以将企业文化中包含的价值观和行为准则等传递给新员工，使新员工认识到企业文化的重要地位和意义。最后，企业可以定期组织文化活动，或者是安排员工进行沟通交流，通过这些活动，员工可以了解到他人是怎样看待和理解企业文化的，及时发现彼此之间的认识分歧，纠正自己或他人的认识偏差，使企业文化的内部一致性得到加强。

② 外部一致性。企业文化的外部一致性指的是企业文化与外部环境之间要保持相互协调的关系。企业文化不仅要在企业内部得到普遍认可，也要得到外界特别是客户、供应商、合作伙伴等利益相关者的尊重，这样企业与外界才能建立起互相信任的关系，才能更好地推动商业合作，实现互利共赢。如果企业文化与外部环境发生冲突，那么企业的形象将会受到损害，不仅无法获得新客户，原有的客户也难以留存。

出于保持企业文化的外部一致性，企业首先应该让企业文化贯穿于与外界的沟通合作中，让外部的利益相关者对于企业文化产生一定的印象，形成比较明确的认识。在宣传和表现企业文化的同时，企业应充分了解客户的需求，尽心尽力地满足客户的需求，客户在享受到令自己满意的产品和服务后，自然也会对企业的文化采取肯定和赞赏的态度。企业保持企业文化的外部一致性除了可以从商业层面入手之外，还可以通过参加社会活动使外界认识自己的变化。在参与社会活动、承担社会责任时，企业要注重对企业文化的宣传，强调企业文化在企业的价值观和行为准则方面起到的关键作用，向外界展现企业文化创造的积极价值，使企业文化得到更多人的认同。

（7）历史延续性

企业价值观的内核主要来自企业发展中长期稳定的因素，这类因素至今仍然在企业的各部门中发挥着重要作用。因此，从这一角度来看，企业价值观由于具有深厚的历史根基，所以一旦成功落地，便可以产生较为长远的影响。同时，企业价值观的沉淀、积累需要很长时间，一经形成便会不断延续，而且会随着企业的发展不断被赋予新的内涵，不过核心价值观基本保持不变。尤其是一些百年企业，其价值观具有很好的历史延续性，而且历经风雨愈挫弥坚。

（8）系统性

企业的价值体系是一个拥有特定功能的整体，是由相互关联、彼此影响的多种要素共同构成的，同时企业这一独立组织的价值观也会受到诸多因素的影响，譬如组织形式、行为规范、规章制度及企业目标等。在这种情况下，企业在推进价值观落地时一定要充分考虑清楚每个因素可能产生的影响，以企业的核心价值观为锚点，对企业整体的价值观进行提炼和升华，并使其在企业的实践中得到恰当展现。

5.2 企业价值观考核的实施办法

5.2.1 企业价值观考核的作用、内容与类型

企业价值观考核指的是以企业价值观为标准对员工工作行为进行考评，也是企业文化从软约束向制度约束转型的载体。企业可以通过企业价值观考核来衡量员工工作行为与企业价值观之间的一致程度，并在此基础上对员工工作行为进行约束。

（1）企业价值观考核的作用

商业管理领域的经典作品《基业长青》曾指出，能持续成功的公司一定拥有能够不断地适应世界变化的核心价值观和经营实务。企业价值观影响着企业的业务发展，一般来说，为了保证企业的业务实现可持续发展，企业应建立在企业内部受到广泛认同的价值观和行为准则，凝聚强大的精神合力，利用企业价值观来增强自身的适应能力和竞争力。

从机制层面来看，企业价值观考核能够有效引导员工自发遵守各项行为规范，确保员工按照企业价值观的相关要求进行工作，同时企业价值观考核也能够促进企业价值观落地。从实际作用上来看，一方面，企业价值观考核能够以行为和指标的形式对企业价值观进行直观呈现，从而帮助员工纠正不符合企业价值观要求的工作行为，让员工能够及时根据考核标准改进工作行为；另一方面，企业也可以根据企业价值观考核的结果进行选拔和奖惩，为各方面均与企业价值观相符的员工提供职业发展方面的支持，帮助员工进行自我提升，同时也可以起到一定的表率作用，鼓励更多员工向企业价值观所倡导的行为靠近。

（2）企业价值观考核的内容

企业价值观考核是对员工行为的考察和评价，考核标准是企业价值观的要求，因此企业在推进企业价值观考核工作的过程中应全方位了解企业价值观的定义，明确具体有哪些行为符合企业价值观，哪些行为不符合企业价值观。

在实际考核时，企业需要在员工实际工作场景中广泛采集与企业价值观相关的各类员工行为，找出涉及企业价值观主题元素的部分并据此对员工行为进行描述，进而为员工进一步理解和接受企业价值观提供支持，以便让企业价值观获得更多员工的认同。

（3）企业价值观考核的类型

企业价值观考核可以按照考核主体划分成以下六种评价类型。

- **上级直接评价**：企业领导层直接评价下属员工。
- **委员会评价**：企业建立由不同职级、不同部门的相关工作人员组成的委员会，并由该委员会以客观、公正的方式开展各项企业价值观考核工作。
- **员工互评**：员工与员工之间互相评价。
- **员工自评**：员工根据相关评价标准对自身行为进行评价。
- **下级评价**：下属员工对其领导进行评价。
- **360°评价**：企业各层级、各部门的所有领导人员和员工从不同角度对评价对象进行全方位评价。

企业在选择企业价值观考核的类型时应充分考虑考核对象的工作、考核结果的公平性、考核工作的工作量等多项相关因素,并综合考虑以上六种评价类型的特点、优势和不足。此外,企业也可以综合运用员工自评和委员会评价两种方式来进行企业价值观考核,并对比评价结果,从中找出员工自我要求与企业组织要求之间的差异,为员工有针对性地改进行为提供参考。此外,企业也要把握好考核人员的工作量与考核效果之间的关系,在最大限度地确保考核结果的真实性和公平性同时避免增加考核人员的工作负担。对于部分关键岗位,企业应对考核对象进行360°评价,全方位确保考核对象与该岗位之间的适配性。

企业应根据自身企业价值观考核的需求对考核方法定期进行优化,对考核内容的有效性定期进行验证,对考核结果进行跟踪,并明确企业价值观考核结果与业绩考核结果之间的相关性和关联度,充分确保考核结果的准确性和公平性,以及各项行为指标在考核中的有效性,对于不符合实际情况的各项行为指标,企业需要及时进行调整和优化。

5.2.2 企业价值观考核体系

(1) 企业价值观考核模式

企业价值观考核既可以融入员工绩效考核当中,也可以作为一项独立的考核,一般来说,其考核模式主要包括独立型模式、附属型模式和统领型模式三种,如图5-6所示。

① 独立型模式。独立型模式是将企业价值观考核作为一个独立维度的考核模式。使用独立型模式考核企业价值观时,需要从企业价值观和业绩两个维度来确定考核结果。同时,需要注意的是,此种考核还需要充分发挥企业价值观考核的一票否决权作用,即在员工行为与企业价值观的要求完全背离时,无论员工的绩效分数多高都要对其进行严肃处理甚至辞退。

② 附属型模式。附属型模式是一种将企业价

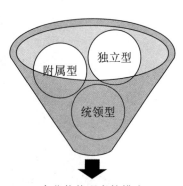

图5-6 企业价值观考核模式

值观考核融入员工绩效考核当中的考核模式。具体来说，在这种模式下，企业价值观考核所占权重仅为20%～30%，但对业绩指标和员工态度的重视程度较高。这种考核模式通常不会对考核分数的真实性进行验证，因此存在可用性较低等不足之处，难以有效发挥考核作用。

③统领型模式。统领型模式是一种将企业价值观作为各项考核指标的指引的考核模式。在这种模式下，企业可以制定价值观模块目标，并借助企业价值观对各项经营管理活动进行指导，切实将企业价值观融入企业运行及员工的工作和行为规范当中。

（2）企业价值观量化考核

企业应充分认识到企业价值观及其关键要素的重要性，并据此确定指标权重，设计相应的计分方案，同时量化员工关键行为，根据员工实际行为与关键行为的对比结果进行评分。一般来说，大多数企业通常使用以下两种方式进行量化计分。

①分级量化。分级量化指的是处于不同等级的关键行为具有不同的优先级，各项关键行为的分值与其优先级直接关联，企业可以据此对员工关键行为进行量化评分，并在此基础上根据分数对各项价值观行为描述进行依次判断。

以阿里巴巴最早制定的"六脉神剑"价值观考核体系（如图5-7所示）为例，其在对关键行为进行量化时将每个维度均划分为5个层级，并对这5个层级分别进行了赋分，阿里巴巴旧版"六脉神剑"企业价值观考核标准如表5-2所示。

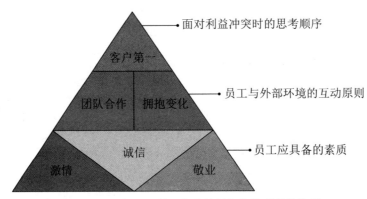

图5-7 阿里巴巴旧版"六脉神剑"价值观考核体系

表 5-2　阿里巴巴旧版"六脉神剑"企业价值观考核标准

价值观	考核标准
客户第一	客户第一，客户是"衣食父母" 1. 尊重他人，随时随地维护阿里巴巴的形象 2. 微笑面对投诉和受到的委屈，积极主动地在工作中为客户解决问题 3. 与客户交流过程中，即使不是自己的责任，也不推诿 4. 站在客户的立场思考问题，在坚持原则的基础上，最终达到客户和公司都满意 5. 具有超前服务意识，防患于未然
团队合作	共享共担，平凡人做非凡事 1. 积极融入团队，乐意接受同事的帮助，配合团队完成工作 2. 决策前积极发表建设性意见，充分参与团队讨论；决策后，无论个人是否有异议，必须从言行上完全予以支持 3. 积极主动分享业务知识和经验；主动给予同事必要的帮助；善于利用团队的力量解决问题和困难 4. 善于和不同类型的同事合作，不将个人喜好带入工作，充分体现"对事不对人"的原则 5. 有主人翁意识，积极正面地影响团队，提升团队士气，改善团队氛围
拥抱变化	迎接变化，勇于创新 1. 适应公司的日常变化，不抱怨 2. 面对变化，理性对待，充分沟通，诚意配合 3. 面对变化产生的困难和挫折，能自我调整，并正面影响和带动同事 4. 在工作中有前瞻意识，建立新方法、新思路 5. 创造变化，并带来绩效突破性的提高
诚信	诚实正直，言行坦荡 1. 诚实正直，表里如一 2. 通过正确的渠道和流程，准确表达自己的观点；表达批评意见的同时能提出相应建议，直言有讳 3. 不传播未经证实的消息，不背后不负责任地议论事和人，并能正面引导，对于任何意见和反馈"有则改之，无则加勉" 4. 勇于承认错误，敢于承担责任，并及时改正 5. 对损害公司利益的不诚信行为进行正确有效的制止
激情	乐观向上，永不放弃 1. 喜欢自己的工作，认同阿里巴巴企业文化 2. 热爱阿里巴巴，顾全大局，不计较个人得失 3. 以积极乐观的心态面对日常工作，碰到困难和挫折的时候永不放弃，不断自我激励，努力提升业绩 4. 始终以乐观主义的精神和必胜的信念影响并带动同事和团队 5. 不断设定更高的目标，今天的最好表现是明天的最低的要求

续表

价值观	考核标准
敬业	专业执着，精益求精 1. 今天的事不推到明天，上班时间只做与工作有关的事情 2. 遵循必要的工作流程，没有因工作失职而造成的重复错误 3. 持续学习，自我完善，做事情以结果为导向 4. 能根据轻重缓急来正确安排工作优先级，做正确的事 5. 遵循但不拘泥于流程，化繁为简，以较小的投入获得较大的工作成果

② 定义量化。定义量化指的是各项关键行为指标均来源于基于工作内容的企业价值观考核指标，且各项指标均具有独立性、平等性、权重一致性等特点。企业在对关键行为进行量化计分时，需要评价所有的关键行为，符合企业价值观的关键行为的分值为 1 分，不符合企业价值观的行为的分值为 0 分，不设置其他分值。

（3）企业价值观考核结果的应用

企业价值观考核结果应直接关联企业中各个员工的利益，激励员工自发将自身的思想和行为向企业价值观倡导的方向靠近，并主动遵守企业价值观相关要求，由此企业可以通过企业价值观考核来推动企业文化软约束向制度约束转型。一般来说，企业可以将企业价值观考核结果应用到以下几个方面。

- **转正晋升**：在企业价值观考核中获得合格及以上等级的员工，可以转正，在企业价值观考核中获得优秀的员工，可以晋升。
- **奖金发放**：企业可以将评定绩效和获得奖金的要求设置为"在该年度的企业价值观考核当中获得合格及以上等级的考核结果"。
- **荣誉奖励**：企业可以为在企业价值观考核中获得优秀的员工提供优先进行外训和深造的机会，从荣誉奖励方面对员工进行激励。
- **行为改进**：企业应鼓励各部门领导敦促和监督员工根据企业价值观考核结果对自身行为进行有针对性的改进。

（4）企业价值观考核的注意事项

① 量化明确。企业在进行企业价值观考核时应设置量化环节，并确保各个量化环节的可行性、逻辑合理性和指标合理性，切实推进企业价值观转化为行为。

② 形成共识。企业应在企业价值观考核过程中向所有员工持续大力宣传企业

价值观，帮助各部门员工掌握企业价值观考核的考核标准和操作方法，使其了解自身的职责和考核结果的影响，让企业所有人员就企业价值观问题达成共识。

③ 客观公正。企业应定期确认企业价值观考核结果的有效性，为管理层相关人员掌握当前的企业价值观落实情况和实际状态提供支持，从而充分确保企业对员工行为控制的有效性。

④ 奖惩有效。企业应针对企业价值观考核结果设置科学合理的奖惩制度，建立健康且有效的激励机制和淘汰机制，鼓励员工自发改进自身的工作方式，进而实现企业与员工共同进步，达到双赢的目的。

5.2.3 企业价值观绩效考核的指标体系

企业的人力资源管理是价值观落地的重要途径，要想让企业的价值观有效指导员工的行为，就需要将企业价值观融入员工的工作绩效考核体系当中。不过要将企业价值观融入绩效考核体系并非易事，其中需要涉及诸多标准，譬如评价哪些行为、谁来进行评价、通过什么方式进行反馈等。与工作绩效考核不同的是，企业价值观考核不适合直接引入国外的指标评价体系。

目前，适用于我国本土企业的价值观绩效考核指标主要有以下几项，具体内容如图 5-8 所示。

（1）愿景、目标

员工对企业愿景、目标的认同程度及行动与愿景、目标的一致性，是企业价值观考核的重要指标。清晰明确的愿景、目标对于企业的发展十分关键，其不仅能够促进员工深入思考，提高员工的思想觉悟，还可以为企业的战略目标与行动计划提供向导，这对增强企业创造力、提高企业创新能力很有帮助。企业的规模越大，愿景、目标就越重要，它有助于推动企业的一体化发展，有利于不同部门之间构建高效的互动和协同机制。

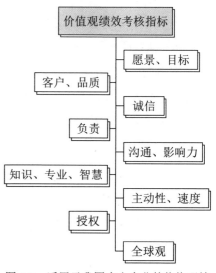

图 5-8 适用于我国本土企业的价值观绩效考核指标

(2) 客户、品质

数字化技术的发展，使得企业能够更加便捷地获得与客户需求相关的各种信息，通过搭建多样化的平台深入挖掘客户需求，从而能更有针对性地开发产品与优化服务。企业的价值观也应该体现出对客户和品质的重视，通过指导企业营造良好的工作氛围，使员工投入更多的精力在服务客户与提高品质上，在此基础上，对员工的客户关系管理进行考核评测，增强企业与客户间的黏性。

(3) 诚信

诚信能够给企业带来巨大的竞争优势，它能够让客户及其他利益相关者更加信任企业，从而减少企业的治理成本。因此，诚信是企业一项无须付费却极具影响力的宣传资源，能够帮助企业在外界树立良好形象。企业内的每位成员都应培养诚信这一品质，尤其是高层和中层更要以身作则，必要时企业可以对此展开考察与评估。

(4) 负责

纵观全球具有影响力的企业，虽然其采取的运营方式不尽相同，表现形式与发展方向亦存在差异，但无一例外的是，这些企业都遵循了某种责任观念。企业在价值观中体现对自身、员工、社会负责的责任观念，能够有效增进企业与各方之间的关系，同时有助于企业的价值观被成员和社会接纳与认可。

(5) 沟通、影响力

在企业价值观的传播过程中，沟通与影响力是极为关键的。为得到内部员工的认同，企业需要通过多种渠道对价值观进行宣传与推广。通常情况下，企业常用的宣传工具有企业内刊、宣传栏、研讨会、QQ、微信等。通过这些工具宣传企业文化，能够加深员工对企业文化的理解，明白自己如何做才能够更好地践行企业价值观。

(6) 知识、专业、智慧

企业员工所拥有的知识、专业与智慧只有得到有效发挥，才能够推动企业的发展与创新，企业的智慧实际上是内部所有成员的知识结晶。同样，各部门的知识是部门内所有成员知识的总和，而非部门领导者一人的知识。通常情况下，碎片化、零散化、不成体系的知识价值很低，对企业的发展而言，唯有将各种知识进行有机融合并恰当运用才能发挥其应有价值。因此，对于知识、专业、智慧的重视也应体现在企业的价值观体系之中，这是企业前行的重要推动力，必要时可将其纳入绩效考核之中。

（7）主动性、速度

随着经济全球化的发展，市场环境变化越来越快，企业要随着市场变化随时调整自身的发展战略。在这种背景下，企业员工要做到主动出击，及时、快速地调整自己的认知、心态与行为，以应对企业价值观的变化，为企业的发展注入新的活力。

（8）授权

随着数字化时代的到来以及信息传播模式的变化，企业需要对价值观做出相应的调整，以更有利于推动组织内的授权。为提高运行效率，跟随时代发展的步伐，企业需要放弃传统的金字塔型的组织结构，采用扁平式的组织结构，进行高效的团队协作。这种模式有助于增强授权力度，促进高层管理者与基层工作人员之间的沟通与交流，减少限制企业改革与进步的形式主义的程序。因此，企业有必要依靠授权来增强企业管理的民主性，构建民主决策与监督制度。

（9）全球观

随着全球化时代的到来，企业员工应具有国际视野，以全球化的视角来应对挑战，抓住时代带来的发展机遇。企业及员工是否具备全球化观念也应作为价值观绩效考核的指标。

对于以上指标按照 5 分制进行评价，如表 5-3 所示。

表 5-3 企业价值观绩效考核表

绩效考核指标	评价尺度				
	优异	优秀	值得赞扬	合理	较差
愿景、目标	5	4	3	2	1
客户、品质	5	4	3	2	1
诚信	5	4	3	2	1
负责	5	4	3	2	1
沟通、影响力	5	4	3	2	1
知识、专业、智慧	5	4	3	2	1
主动性、速度	5	4	3	2	1
授权	5	4	3	2	1
全球观	5	4	3	2	1

企业价值观绩效考核与工作绩效考核有类似之处，其考核模式采用的也是上级直接评价、委员会评价、员工互评、员工自评、360°评价等，其中比较关键的两项考核是上级直接评价和员工自评。在员工自评过程中，员工会对自己在工作中的各种表现进行回顾与评分，从而形成更为客观的自我认知；在上级直接评价过程中，企业领导会与每位员工进行单独交流，通过对话的方式对员工进行价值观方面的考核。除以上两种考核方式之外，同事、下级及客户考核也是考核评价体系中的重要组成部分，通过综合各方评价，最终可以得到每位员工在价值观层面的总考核成绩。

5.2.4 基于价值观考核的激励机制

激励机制在企业价值观落地转化过程中发挥着重要作用，有效的激励机制能够让企业的价值观更快、更好地内化为员工的价值观。因此，企业可以考虑借助有效的激励机制和相关的制度规范来深入推进企业价值观的落地。

企业要充分认识到，利益、信念与心理状态是决定员工工作表现的重要因素，与这三个因素相对应的激励机制分别是物质激励、精神激励与工作激励，如图5-9所示。

图5-9 基于价值观考核的激励机制

（1）物质激励

企业要想尽快实现价值观落地，就一定要采用有效的物质激励机制。物质激励是利用实物、金钱等作为奖励来刺激员工提升工作效率，并统一员工的价值观的激励方式，这是企业中应用最为普遍和广泛的激励措施。众多企业家与行为学家都极为看重物质激励，同时他们也倾向于将挑战性高的工作、凝聚力强的工作团体等视为物质激励的刺激物。

企业可以尝试通过以下方法来实现对员工的物质激励。

① 优化薪酬制度体系。企业在构建薪酬制度体系时，要以企业价值观为核心，建立完善的薪酬体系，把基础工资、绩效工资、津贴、福利等纳入整个体系，从多方面增强薪酬竞争力。在这个过程中，要注重结构合理性、市场竞争性

及薪酬制度内部的协调性,同时也要充分考虑到企业的行业特征、发展阶段及发展规模等,科学建立适合企业发展的薪酬制度体系,使薪酬制度的激励作用最大化。

② 推行优秀员工持股方案。为进一步提升员工对工作的满意度、忠诚度,企业可以考虑推行优秀员工持股方案,这样有助于充分挖掘员工的工作潜力,增强其工作积极性。员工持股不仅意味着其占据一定比例的财务股份,还表明员工可以定期获知企业的发展情况,有机会对公司的生产经营提出相关建议等,这会使员工在企业中得到主人翁般的体验,推动其更加努力地做好本职工作。

(2)精神激励

精神激励主要指通过给予员工肯定、表扬与奖励来满足其在情感、精神等方面需要的激励方式。与物质激励相比,这种激励方式可以使员工获得自豪感与满足感,从而推动价值观的落地转化,提高企业的运行效率。

根据马斯洛的需求层次理论(如图5-10所示),个体有归属和爱的需要及尊重的需要,精神激励能够使企业员工获得情感、精神方面的关爱,使其感到被肯定、被接纳而对企业产生归属感。人的思想动力源于个人的人生观与道德观念,对于企业或组织来说,如果员工的思想及行为可以很好地与企业价值观相契合,那么企业应给予员工相应的精神鼓励,给予其强大的正向反馈,增强其工作积极性,使其自觉地将企业的价值观根植于心并外化于行。

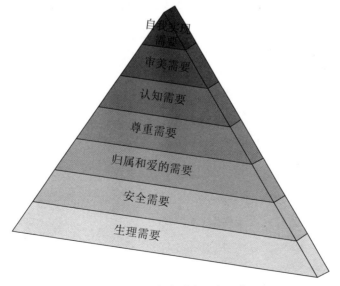

图5-10 马斯洛需求层次理论

（3）工作激励

马斯洛的需求层次理论同样指出，个体有认知需要及自我实现需要，而工作激励针对的就是个体的这种需求。工作激励主要指企业的中高层在工作过程中懂得放权、学会授权，积极培养下属，为其提供更多的尝试机会，使其获得工作的价值感与成就感的激励方式。这种帮助员工找到工作意义的形式有助于满足其内在的需要，使其发挥潜力、认真工作，从而得到满足，可以视作一种隐形的企业福利。

第 6 章

企业文化的
制度建设

6.1 企业文化与制度的融合路径

6.1.1 从经验管理到文化管理

文化管理与制度管理是企业管理过程中的一体两面，二者相辅相成、相得益彰。在企业的日常管理中，单纯靠制度管理难免会有疏漏，这时就需要辅之以文化管理，对员工的行为进行约束和规范，两者相互配合，相互融通，从而更好地推动企业的健康发展。

我们在谈到企业制度时，会首先想到企业的条例、标准、纪律、规章等，这些是具体的、可感的；谈到企业文化时，会联想到企业的底蕴、内涵与传承等，这些是根植于员工心间的，能体现一个企业的精神力量，是无形的。无形的企业文化要依托有形的企业制度来传播扩散、发挥作用，以制度为载体进行展现，这就要求两者做到相互渗透、相互融合。

（1）企业文化制度建设的意义

企业文化建设的核心任务在于，企业基于自身的愿景、使命与价值观，制定并完善与之相配套的管理制度，确保企业文化制度化，并在企业内部形成有据可依、有制可循的行为准则。在企业文化建设的过程中，企业精神、价值理念的提炼，只是企业文化塑造的初始阶段，而企业文化能否真正落地，还取决于企业制度的执行力度及可操作性。

企业文化唯有制度化，才能够让企业逐步发展壮大，以深厚的文化底蕴来应对外界环境的变化，成为一个经得住时间考验的优秀企业。概括而言，进行企业文化制度建设的意义主要体现于以下三个方面。

- 能够优化企业的文化理念体系，改进企业的人事管理制度，提高员工忠诚度。
- 能够优化企业的管理模式，提高企业生产经营效率，使企业获得更好的经营效果。

- 能够激励员工按照企业文化所倡导的理念行事，提高其工作的积极性与工作质量，增强客户对企业的满意度，促进企业文化顺利落地。

（2）从经验管理到文化管理

从现代企业的发展史看，企业的管理模式在不断变化，由最初的经验管理到科学管理，再到如今的文化管理，企业管理的水平不断提高，管理方式更加科学、合理，具体如图6-1所示。

图6-1 企业管理模式的变革

- 经验管理主要指按照个人的意志、权威与经验进行企业管理，这种管理模式比较随意、不够严谨，整个企业的管理受领导者个人影响较大。
- 科学管理主要指按照相关制度进行企业管理，比如建立现代企业制度、健全法人治理结构制度等，这种管理模式受外界因素影响较大，完备性稍差，很难做到全方位的管理。
- 文化管理主要是基于员工的价值理念等进行企业管理，这是企业管理的最高层次，具有柔性化、人性化的特点，这种管理模式可以很好地填补制度管理无法覆盖的缝隙，使企业更加科学、健康地向前发展。

在企业的经营活动中，人发挥着越来越重要的作用，但人与时间、物质等生产要素不同，没办法进行量化，所以企业若想调动这一生产力中最活跃、最关键的要素，就要不断提升自身的管理水平。以往的制度管理注重管理人的行为模式，主要采用限制、鼓励等方式；而文化管理注重引导人的思想，主要通过价值观塑造等柔性化的方式。

对规模较大的企业来说，内部员工众多，每位员工的思想、能力、经验等也不尽相同，因此对员工的管理很难采用量化的方式。在这种情况下，若还是同以往一样仅凭制度来管理企业，很难调动起员工的工作积极性。因此，将企业文化融入制度管理来提高企业的管理水平是非常有必要的。企业文化可以对员工起到感染、激励和引导等作用，这是规章制度的约束力所无法达到的，也是物质利益驱动所难以企及的。企业文化可以对员工的思想、行为产生潜移默化的影响，如轻风、似细雨般地浸润员工的内心。

文化管理是企业管理模式发展的大势所趋，这种以企业文化为基础、以文化自觉为主导的企业管理模式，主要采取鼓励、引导、启发等方式来激发员工的工作热情与积极性。而企业要想尽快地实现文化管理，就要牢牢把握将文化融入企业制度这一重要路径。

6.1.2　企业文化与制度相匹配

近些年来，社会、市场都在不断变化，企业的发展方向和战略理念也随之改变，企业的制度也要相应地进行改进与完善。企业应当以优秀的文化理念为标准来修整、改进自身的管理制度，去除与企业核心价值观不相符的部分，修订与企业发展、外部形势不匹配的内容，使企业的制度保持先进性与科学性，同时保证企业制度与企业文化的高度匹配。

企业制度与企业文化理念的匹配度，主要体现在以下两方面。

- 企业制定的所有管理制度都应与企业的核心价值观保持一致，二者不能发生冲突或出现相悖的情况，也就是要做到"表里如一"。
- 企业制度中所融入的文化与倡导的理念要尽量和员工所认可的理念保持一致，从而使员工可以更好地认同制度并自觉按照制度行事。

所谓"匹配性"，其实主要讲的就是"适合"，只有适合的制度才能够促进企业发展。反之，无论是先进的制度还是落后的制度，如果不适合企业，都可能会阻碍企业前进。一些百年企业所推行的制度看似平平无奇，但实施起来效果非常好，仔细研究会发现，这些制度与企业的生产经营极为契合，而且在推行之前往往会征求全体员工的意见，并经历反复论证，所以最终可以顺利实施并有效推动企业发展。反观另一些企业，为了取得成功，盲目引进先进制度，结果实施起来却异常艰难，甚至严重影响企业的健康发展。

企业文化理念与企业制度之间有密切的联系，文化是制度的内在灵魂，制度是文化的外部载体。文化需要依托制度来发挥作用，制度需要凭借文化来获得认同。但是，在实际的企业管理中常常会出现制度与文化"两张皮"的现象。

有的企业盲目引进世界先进企业的管理工具和管理模式，以此来建设本企业的制度规范。但在实施过程中却出现了"水土不服"的情况，员工在面对这些制度和模式时会产生较强的排斥心理，不仅不利于企业的发展，甚至还引发了各式各样的问题，最终企业只能再次花费时间和精力进行制度建设。

有的企业十分重视企业文化的价值，积极建设企业文化，通过追溯企业发展历史、分析优秀同行案例等方式来提炼企业的核心价值观。但企业的管理制度却没能跟上，考核机制也不配套，员工感受不到这些理念与工作间的联系，其思想和行为也没有相应转变。时间久了，企业文化就成为"镜中花、水中月"。

通过以上分析可以发现，缺乏文化内涵的制度是"空"的，而没有制度支撑的文化是"虚"的。只强调建立规章制度而忽略文化氛围对制度执行的积极影响，制度必然难以得到员工的广泛认同，就会导致制度的"空洞"；只注重宣扬文化理念，则可能造成文化与生产经营的脱离，很难让文化发挥其作用，造成文化的"虚浮"。

6.1.3　以企业文化制度引导员工行为

在企业管理中，制定制度是容易的，但制度的落地执行是困难的。从国内外优秀企业的实践经验来看，企业的文化理念能够有效推进制度的顺利落地，影响并塑造员工的思想和行为。

在企业进行文化管理转型的过程中，不仅企业高层要以身作则，起到模范带头作用，企业的各级管理者作为制度制定的参与者，也要自觉遵守相关制度，并践行企业所倡导的文化理念。在执行制度的过程中，标准要统一，也就是宽严一致，如果企业的管理者无视制度，或者在制度执行的过程中存在偏差，那么员工自然不会重视公司制度，甚至会对其产生反感。只有做到"制度面前人人平等"，企业才能够健康有序发展，获得更好的经营效果。

除此之外，企业还要对制度从严执行。推行制度最为关键的一点就是保持制度的"刚性"，这样才能够使其与"柔性"的文化理念更好地结合，通过刚柔并济的方式逐步改变员工的思维方式与行为模式，使其思想与行为可以更好地服务于企业的发展。比如，企业若要推广"清正廉洁"的文化理念，就需将其融进制度当中，在制度上拉起"防护网"，对违反者进行严厉惩处，并清晰列出处罚措施，让存有侥幸心理的人放弃幻想，这样企业内的廉洁自律才能蔚然成风。再比如，企业若要强化"质量效益"理念，就应该落实到制度层面，增强员工对制度的信任。最为重要的一点在于，文化与制度都应落实到具体的岗位和工作中才能真正发挥作用。

新兴技术的突飞猛进与社会发展的日新月异促使企业不得不尽快改革创新、加速转型。近年来，国内企业不断推进内部制度标准化，强化文化引领，完善相关制度，提高自身的管理水平，使企业可以更加健康地发展。企业在推进文化管理的过程中，要严格落实企业制度，提高员工的责任心和执行力，以全体员工的力量推动企业文化落地生根，不断增强企业自身的软实力与核心竞争力。

6.1.4 企业文化制度建设的方法

（1）企业文化制度建设的总体规划

对于企业文化的制度建设，企业高层应有明确的规划布局，要将其放入企业的整体发展战略当中，计划好每一个关键步骤，并制定具体实施时间表，同时对其投入与产出做好预测和评估。企业高层还需结合多方利益进行综合考虑，根据企业股东、客户、员工、供应商及政府等各方要求，对企业的业务与内外部环境进行分析，然后制定企业的制度建设规划，基于企业文化推出相应的执行制度，并保证规划顺利实施。

（2）企业文化制度的建立与完善

企业文化制度建设的基础与核心是企业的文化管理体系，该体系的完整化与系统化有助于企业文化制度对企业的理念、价值观与行为准则进行准确、有效的呈现。一个完善的文化管理体系能够有效约束并塑造员工的思维与行为模式，企业可以通过制定规范化制度、建立奖惩体系等方式不断充实文化管理体系，加快推进企业文化理念的顺利落地。企业文化制度的建立主要经过以下步骤。

① 创建企业文化制度建设领导小组。主要负责清理与盘点原有制度，确定相关人员工作内容，剖析企业文化的内涵和外延，并重点检查企业文化与制度之间的匹配度。

② 起草制度。制度建设应遵循"谁主管谁负责"的原则,即制度起草工作按照归口管理原则来进行。

③ 集体共同商讨,形成制度草案。起草制度的人员应征询相关岗位员工的意见和建议,之后请上级主管召集最具代表性的员工进行共同讨论,最后将形成的草案报给制度建设领导小组进行审批,必要时需经职工代表大会进行审议。经过这一系列的环节,企业文化制度可以得到改进和优化。

④ 宣传推广,形成认同。如果制度方案通过审批,下一步就要对新制度进行广泛宣传与推广。事实上,宣传推广的过程相当于再一次征集意见的过程,如果超半数员工对新制度提出疑问,该制度就应进行重新修订,直至得到企业上下的一致认同,才可以正式确定并贯彻执行。

(3)企业文化制度的审计

企业文化制度的审计主要经过以下六个步骤,如图6-2所示。

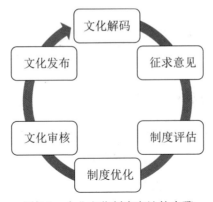

图6-2 企业文化制度审计的步骤

① 文化解码。负责制定与修订企业文化制度的个人或团体一定要详细解读企业文化理念,深入理解企业文化的内涵与关键点,了解其指向与价值点,考察其与制度的匹配性。

② 征求意见。在日常管理与各业务流程中寻求意见与建议,包括基层员工、制度执行者、上级领导等,将各方建议或意见统一收集起来。

③ 制度评估。制定制度的个人或团体要评估现有制度,审视现行制度中是否存在与企业文化相背离的部分,最后形成相关报告呈交企业管理层审批。

④ 制度优化。征集制度优化的相关建议,将不符合企业文化理念的部分删

除，将新出现的、符合企业需要的理念补充到制度中。

⑤ 文化审核。制度制定完成后，通常由本部门和相关管理部门进行初审，最终形成的制度要经过公司制度管理部门的审核。

⑥ 文化发布。将新制度条例公开发布，使员工知晓。对于文化制度中的关键条款，可以通过集中培训的方式使员工了解、掌握，并通过考试等方式来检验员工是否理解、认可相关制度。

（4）与时俱进，持续改善

企业文化制度建设应贯穿企业的整个发展过程，在企业发展壮大的过程中，企业的文化理念需要不断改进与完善；在外部市场环境发生变化时，企业文化制度需要随之做出改变；在企业的管理水平提升时，一些限制也需要被打破，企业制度也需要进行调整。需要明确的是，在企业发展的各阶段，都需要审视文化理念与现行制度是否匹配。

6.2 构建绩效导向型企业文化

6.2.1 企业文化与绩效管理的关系

绩效管理是一种具有激励员工和提升绩效作用的组织管理方法，其关键程序主要涉及绩效考核机制和以绩效考核为基础的激励约束机制。企业可以通过绩效管理的方式来持续提高员工、部门和组织的绩效。在企业的绩效管理中，通常会安排不同层级的成员共同完成计划制订、辅导沟通、考核评价、结果应用、目标提升等相关工作，以便快速达成企业目标。

企业文化是企业中大多数员工所遵循的思维方式、道德观念和行为准则，主要包含企业在发展过程中形成的共同理想、基本价值观和行为规范。为了使企业文化建设符合企业发展的最终目标，企业需要不断对企业文化进行优化和提炼，加强其与日常管理工作的融合。同时完善相关制度规范，影响、管理、和协调各级员工，打造具有共享性、传承性等特点的企业文化体系，确保企业员工的价值理念、思维方式和行为准则符合企业发展的需要。

绩效管理与企业文化之间互为因果，具体体现在以下两方面。

- 绩效管理能够充分发挥自身的导向作用，进一步提高员工的绩效表现，强化企业员工的价值取向，从而为企业文化建设提供支持，因此，绩效管理为因，企业文化为果。
- 企业建立初期形成的理想、价值观和行为规范是企业文化的最初形态，能够对企业员工在绩效方面的认知产生直接影响，并通过考核和奖惩的方式来激励员工创造高绩效，因此，企业文化为因，绩效管理为果。

综上所述，绩效管理和企业文化之间能够互相影响。当二者方向一致时，能够相互促进，协同发展，实现双赢；当二者在方向上存在错位或冲突时，则会导致企业出现价值观混乱、绩效管理无效等问题。不仅如此，绩效管理也是企业文化建设的重要工具，企业可以充分发挥绩效管理的导向作用，建立符合自身实际情况的理想、价值观和行为规范，从而达到推进企业文化建设的目的，实现"文化管人"。

总而言之，绩效管理既能够提高组织和员工的工作绩效，也能够为企业文化服务，在企业文化建设过程中发挥重要作用，因此，企业在进行绩效管理时需要确保绩效管理与企业文化在方向上的一致性。

6.2.2 绩效导向型企业文化建设

与口号宣传和培训灌输等企业文化建设方式相比，绩效管理具有手段清晰、目标明确、效果显著、实践性强、适用性高等诸多优势，能够帮助企业更好地落实企业文化建设工作。对于重视创新的企业来说，在企业文化建设时不仅可以利用口号宣传和培训灌输等传统方式，也可以通过绩效管理对相关指标进行分解和量化处理，将指标与每位员工相关联，并建立相应的考核体系和奖惩机制，激励员工进行创新，从而借助绩效考核的方式获得更好的企业文化建设效果。

绩效管理应包含目标、过程、考核机制和奖惩措施等内容，且需要具备循环性和持续性的特点。企业可以借助绩效管理来提升员工和组织的绩效，并充分发挥绩效管理的导向作用，明确自身在一段时间内所需的战略目标、价值理念和行为规范。同时，将绩效管理与企业文化建设相融合，将绩效管理过程看作企业文化建设周期并持续循环该过程，从而实现对企业文化的持续强化，进一步增强企业文化的稳固程度。具体来说，绩效导向型企业文化建设的要点如图6-3所示。

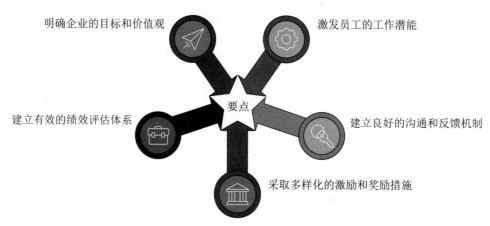

图 6-3 绩效导向型企业文化建设的要点

（1）明确企业的目标和价值观

建立以绩效为导向的企业文化，需要树立明晰的目标，秉持明确的价值观，这是绩效导向型企业文化的基石。

就目标而言，企业应当对绩效目标做出清晰的分类与归纳，例如将其分为财务绩效、市场份额、客户满意度等，目标明确方能有的放矢。与此同时，企业还应确立团队合作、创新、客户导向等积极的价值观，从中获取于自身有益的指引。目标和价值观确立之后，应为企业全体成员所接受和认可，在员工的日常工作中得到践行。

（2）建立有效的绩效评估体系

有效的绩效评估体系是建设绩效导向型企业文化的关键。在这样一种绩效评估体系之下，员工的绩效应得到准确客观的评估和衡量，并服务于企业的总体目标。绩效评估的标准要明确，工作质量、工作效率、创新能力等方面的指标都要被考虑在内。同时，完善的绩效评估机制也是必要的，企业要根据实际情况确定适宜的评估周期，如一年开展一次绩效评估等，确保优秀的员工不被忽视和埋没，也为表现不佳的员工提供勤勉奋进的动力。

（3）采取多样化的激励和奖励措施

不论身处什么岗位，员工总是希望自己的工作能得到肯定，因此企业要想建设以绩效为导向的企业文化，就不可避免地要用到激励和奖励的手段。对于员工来说，更丰厚的薪酬、更多的晋升机会以及更高质量的培训都具有激励和奖励价值，企业应考虑到员工在这些方面的期望和追求，相应地建立有效的激励机制。

在这样的激励机制下，员工的积极性和创造力的提升进而带来绩效的相应提高。同时，得到表彰和奖金等奖励的绩效优秀员工，也会起到榜样作用，激发其他员工的工作动力。

（4）建立良好的沟通和反馈机制

建立良好的沟通和反馈机制是构建绩效导向型企业文化的关键一环。开放和透明是人们对于沟通和交流活动的基本期许，也是企业在建设沟通渠道时应依据的准则。

具体而言，定期举行的员工大会和部门会议等都可以成为实现沟通开放与透明化的载体。会议会使员工之间的交流更加深入、合作更加密切，同时也是员工了解企业目标和绩效要求的重要场合与契机。企业的及时反馈与指导同样对员工意义重大，员工需要对自己的绩效表现有清晰的认识，这也是改进自身工作的重要前提。基于此，企业可对员工进行绩效评估并为其制订相应的个人发展计划。

（5）激发员工的工作潜能

建立以绩效为导向的企业文化，要做到以人为本。企业的基本单位是员工，员工的进步就是企业的进步，而学习无疑是取得进步的必经之路。企业应当为员工创造学习的机会，积极开展员工培训工作，可提供内部培训、外部培训和跨部门交叉培训等多种培训方式。员工通过培训能够获得更多的技能和知识，从而有能力取得更高的绩效。除了接受培训之外，员工还可以通过轮岗等方式加深对企业业务的熟悉程度，以更好地制订个人发展规划。这要求企业给予员工更多的晋升和轮岗机会，建立合理的晋升机制。晋升的目标会使员工获得发展的动力，而晋升的结果又将为员工提供良好的发展机会，由此便建立起了一个良性的循环。

企业要想实现长期稳定的发展，建立以绩效为导向的企业文化是关键的一步，上文介绍了成功建设这种企业文化的要点，包括明确的目标和价值观、有效的绩效评估体系、多样化的激励和奖励措施、良好的沟通和反馈机制及适宜的培养机制等。遵循这几个要点，企业便能充分激发和提升员工的积极性和创造力。当然，商业世界波诡云谲，即使绩效导向型的企业文化已经建立，管理者也需要时刻关注内外部环境的变化，并根据企业需要作出改进和完善。

此外，企业在建设绩效导向型企业文化的过程中应最大限度地防止出现形式主义问题，避免企业文化建设活动脱离工作实际。从实际操作上来看，企业需要借助绩效管理的方式，对企业愿景、价值观、目标及行为规范等进行层层分解与量化，并严格贯彻落实到员工的工作实践中，以此作为员工的绩效考核目标。总之，绩效管理能够有效促进企业文化和员工岗位的融合，员工可以在达成绩效考核目标的过程中充分感受并理解企业的理想和价值观念，企业也可以在绩效管理的过程中加强对员工思想和行为的引导。

6.2.3 基于企业文化的绩效管理

（1）构建基于企业文化的绩效管理

企业的绩效管理体系应当与自身的文化理念紧密相连、互为表里，将高绩效的理念融入企业文化中去，这是企业在文化建设中要关注的一个方面。企业中的每个部门和每名员工都不应该各自为战，而是要接受企业整体战略目标的引领，所有计划都要从全局角度出发，以服务于企业确立的预期目标为导向，这些计划要具备合理性、现实性和有效性等特征。构建基于企业文化的绩效管理则需要从以下几个方面入手，如图6-4所示。

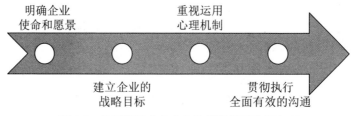

图 6-4 构建基于企业文化的绩效管理的切入点

① 明确企业使命和愿景。企业使命回答的是企业应该干什么的问题，这是企业的存在之本，是企业的价值所在，它可以使企业获得一种价值感和荣誉感。如果说使命是企业的起点和根本，那么愿景则代表着企业永恒的追求。一个组织首先要有一个共同愿景，这是一种得到全体成员认同的愿望。共同的愿景是一面旗帜，能够使全体成员紧紧地团结在它之下，抛下彼此之间的矛盾冲突，形成牢固的联盟，向着同一个目标坚定迈进。

② 建立企业的战略目标。一个有追求的组织应当具备战略眼光和全局意识，明确的战略定位对于企业来说是必不可少的，它回答的是企业管理最终所要达到

的目标和层次这一问题。与战略目标密不可分的还有对绩效考核指标的设定。绩效指标发挥着规范和引领的作用，它的定位是全局性和普遍性的，所有的部门和员工都要以它为参照。绩效考核指标的确定需要从战略层面出发，以明确的战略定位作为指引，如此才能确保绩效考核指标处于正确的轨道。

③ 重视运用心理机制。组织是紧密的，因为它是按照一定的架构建立起来的；同时组织又是松散的，因为它是由一个个态度、原则、观念各异的个体组成的。所以，怎样将这些松散的个体整合起来，让他们按照组织共同的目标与价值观行动，做到步调一致，是一个值得思考的问题，这需要在绩效管理中认识到规律的重要性，发挥规律的作用。

- 首先，企业要重视竞争，培养竞争意识。"竞争"是绩效文化绕不开的关键词，而竞争本身具有两面性，企业要善于利用其积极的一面，建立健全的机制，鼓励良性竞争，营造努力向上、奋勇争先的氛围，激发员工的潜能和积极性。
- 其次，企业要选择合理的考核方式和标准，以薪酬反映考核结果。在评价员工工作绩效时，企业要做到科学严谨、有理有据，同时让考核结果的差距体现在员工的薪酬差距上，让员工对考核结果有直观的感受，并使其认识到考核结果与自身利益密切相关。
- 最后，企业还要从宣传和思想建设上入手，让员工深刻认识到绩效管理的重要性和必要性，确保企业绩效管理工作的顺利推进。

④ 贯彻执行全面有效的沟通。企业文化由企业高层领导建立，也由他们传播，因此，围绕绩效导向型企业文化进行全面有效的沟通，是企业高层领导义不容辞的责任。企业高层领导拥有对企业文化的解释权，也赋予了企业文化以说服力，中层管理者对绩效管理的执行情况，以及员工对企业文化的认可程度，都直接取决于高层领导的一言一行。

从员工的角度看，员工要对企业文化持有积极的态度，在充分理解企业文化之后能够认同企业文化，并让它融入自己的工作。具体应该做到以下几点。

- 首先，要认真地对待入职培训，对自己的工作角色先形成尽可能清晰的认识，为融入角色做好准备。
- 其次，在入职之后也要主动寻求讲座和培训等学习企业文化的机会，在此过程中加强与各部门员工之间的沟通交流，推动彼此之间共同进步。
- 最后，在与企业其他员工沟通时要注重技巧，保证言语得体，注意察言观色，避免产生误解和矛盾。

（2）**基于企业文化的绩效管理应遵循的原则**

企业文化绩效管理应遵循一定的原则，具体如图 6-5 所示。

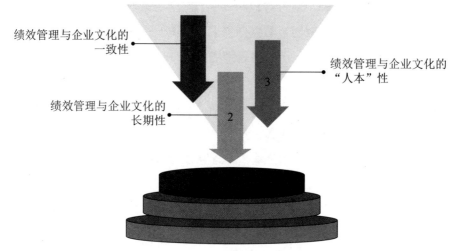

图 6-5　基于企业文化的绩效管理应遵循的原则

① 绩效管理与企业文化的一致性。绩效管理与企业文化之间存在"工具"与"目的"的关系，绩效管理和企业文化应该在方向上保持高度一致，企业在建设企业文化的过程中，应确保绩效管理制度及考核指标与企业文化相符。当绩效管理与企业文化的基本方向不同时，企业将会出现绩效管理失败、价值观念混乱等问题，进而导致企业文化建设无法深入。

② 绩效管理与企业文化的长期性。绩效管理具有周期性的特点，能够在绩效考核周期内为企业实现短期目标提供支持，同时也能够在企业文化建设方面发挥一定作用，但该作用十分有限。若要充分发挥企业文化的作用，利用企业文化来对员工的价值观和行为进行引导，企业必须先明确企业文化的基本方向，长期坚持实施绩效管理，并将绩效管理落实到企业运行的方方面面，同时不断对企业文化和绩效管理进行优化和完善，以对员工的价值观念和行为进行强化和固化。

除此之外，绩效管理在理念和方向上还具有一贯性的特点，具体来说，一贯性指的是绩效管理在基本理念方面与企业文化保持一致，当绩效管理基本理念不断变化且偏离或背离企业文化的基本理念时，企业同样会出现员工价值观混乱和企业文化建设失败等问题。

③ 绩效管理与企业文化的"人本"性。绩效管理应在企业文化的指引下为企业文化建设提供相关服务。企业中的各级领导和员工是企业文化的载体，也是企业文化生成与承载的第一要素，因此绩效管理和企业文化应具备以人为本的特点，二者均需围绕"人"来进行设计和实施。

一方面，企业在绩效管理过程中应充分认识到人文关怀的重要性，并在企业文化的引导下通过人性化管理来提高劳动关系的和谐程度，在最大限度上避免各方出现矛盾冲突问题。

以美国英特尔公司的绩效管理方式为例，该公司在绩效考核方面将A、B、C、D、E五个等级的考核结果改为"杰出""成功""有待改进"三个等级，有效解决了考核结果等级较低的员工心理不自信的问题。

另一方面，绩效管理系统的设计应符合员工的实际需求，企业应确立以"人"为中心的管理制度、考核机制和奖惩体系。社会心理学家马斯洛（Abraham H. Maslow）和管理理论家赫茨伯格（Frederick Herzberg）认为，为了充分发挥绩效管理对员工的激励作用，企业应针对各类员工的实际需求分别设置相应的奖惩措施，如借助绩效考核奖金来激励和约束一线工人，借助升职、培训机会等来激励有较强成长意愿的员工。

6.2.4 企业文化建设与绩效考核

对于需要建设绩效考核体系的企业来说，如果没有企业文化的支持，仅仅将制度作为一种管理工具，将执行制度中的各项要求作为管理的主要手段，那么其建设的绩效考核体系必然难以得到企业中所有人的认同和支持，还可能会出现被员工质疑考核的公平性等问题。

由此可见，为了实现行之有效的绩效考核，企业应在坚持考核的基础上增强考核的公开性、公平性和公正性，并将绩效考核融入企业文化当中，提高管理人员和普通员工对考核的接受度和认可度，避免出现因绩效考核造成意见冲突等问题，营造良好的考核氛围。

上汽通用五菱汽车股份有限公司是一家大型中外合资企业，该企业所使用的"五菱化"绩效管理模式是一种先进的平衡计分模式,主要由关键成功因素(Key Success Factor,KSF)和关键绩效指标(Key Performance Indicator,KPI)两项内容构成,同时五菱也将其作为一项重要的业务计划实施(Business Plan Deployment,BPD)工具。

BPD是一个绩效考核和战略目标互相融合的动态化、标准化的流程,能够将PDCA循环❶应用到所有的指标和工作层面当中,并按月定期根据环境变化情况对目标进行优化和改进。不仅如此,五菱还利用BPD对自身的发展战略目标进行分解,并在PDCA循环的作用下进一步提高各个目标的相关行动在人员、安全、质量、响应、成本五个方面的一致性,进而在此基础上不断调整目标,持续强化自身的竞争力。

在企业内部,五菱采用了开放的沟通方式,要求领导层人员开门办公、现场管理,广泛了解员工的想法和意见,为员工的工作提供支持和引导,同时充分发挥榜样的作用。五菱还提高了员工在建立绩效考核制度时的参与度,广泛采集员工的意见,并筛选出科学合理的意见予以采纳,从而在此基础上建立起合理性强、可操作性强和规范程度高优势的绩效考核制度。BPD具有与企业战略目标相融合的特点,能够帮助企业建立和优化企业文化,让企业中的各级员工在企业文化的影响下自发完成各项工作任务,积极推动战略目标的实现。

此外,五菱所采用的管理模式不仅具有中国文化特色,还融合了大量先进管理理念。具体来说,五菱在管理方面将绩效考核与战略执行互相融合,充分落实各项战略和制度,同时扎根于中国文化,推动目标、制度、环境一体化,并提高沟通的开放性,围绕企业中各个层级的领导和员工来推进管理工作,充分发挥各级员工的个人能力,提升员工的积极性,支持员工参与到各项相关工作当中。

绩效考核是绩效管理的重要组成部分,也是其中的难点。一般来说,企业在落实各项管理措施时通常会伴随着不同的声音,企业应对这些声音进行分辨,提炼出其中有助于企业发展的部分,并将该部分融入自身的管理体系当中,对自身的管理工作进行优化,同时也要充分认识到企业文化的重要性,基于企业文化来制定和调整企业制度,以确保企业实现健康稳定发展。

---

❶ PDCA循环的含义是将质量管理分为四个阶段,即Plan(计划)、Do(执行)、Check(检查)和Act(处理)。

企业文化具有独特性，受其影响，不同企业所采用的管理制度存在一定的差异。具体来说，有的企业更加重视经济利益，将经济利益的提升置于企业运营的最高位置；有的企业更加重视人的价值，会采用以人为本的管理模式；有的企业则更加重视社会责任和社会担当，在企业发展的同时也兼顾社会效益的实现。从企业发展的视角来看，在制定绩效制度时应从自身文化背景出发，在确保制度的公开性、公平性和公正性的基础上开展职务晋升、培训开发和薪酬调整等工作，同时提升制度的人性化程度，确保绩效考核体系不仅能够服务于企业的绩效管理工作，还能够为员工提供一定的人文关怀，进而营造良好的绩效考核氛围，将绩效制度融入企业文化当中。

在企业运营中，既应利用企业文化来为绩效考核工作提供指引，也应使得绩效考核从方式、指标等多个方面贯彻落实企业文化。对业绩关注度较高的企业通常会将企业利润放在首要位置，也更加重视各项工作的实际产出，其企业文化大多具有理性化和以任务为导向的特点，在绩效考核方面，这类企业的重点考核内容大多涉及员工的工作行为、工作技能和能力提升情况。而对人的关注度较高的企业在管理方面更加重视以人为本，企业文化大多具有和谐、感性等特点，在绩效考核方面，这类企业的重点考核内容主要涉及员工的工作体验，各项相关考核指标也具有长期性的特点。对此，企业应将企业文化作为绩效管理的指导思想，充分确保绩效管理与企业文化的一致性，以便获得较好的绩效管理效果。

企业不仅要建立符合企业文化的绩效考核体系，还需将企业文化融入绩效指标设计工作当中，进一步提高绩效考核的人性化程度，达到利用绩效考核驱动员工自发提升职业素养的目的，帮助员工实现自身价值。由此可见，基于企业文化的绩效考核体系既可以体现企业文化、企业发展理念和企业价值，也能够为企业员工了解和提升自身价值提供依据。

此外，在大多数企业当中，领导层会在绩效考核过程中向各级员工宣传和灌输企业的战略思想、战略目标、企业文化等内容，同时这一过程也体现出了企业管理与企业文化的交互、融合。为了帮助企业各级员工深入了解企业的最终发展目标，企业需要通过建立基于企业文化的绩效考核体系，向所有成员宣贯企业的战略思想。

第 7 章

企业文化培训
落地实操

7.1 企业文化培训体系建设方案

企业文化培训体系具体包括培训的范围、方式、对象、方法、团队、评估与管理标准等。通过对这些方面的规划，能够使企业文化培训常态化、规范化，有例可考，有法可循。简单来说，企业文化培训的重点是让员工对企业价值观的认识和在工作中的行为保持一致，培养员工对企业的认同感、归属感，完成"知"到"信"的转变，最终趋近于"行"。通过企业文化的落地过程为员工赋能，组成拥有深度学习能力、能够彰显企业文化特质的高素质团队。

企业文化培训体系旨在构建一个将所有企业员工囊括在内的文化培训环境，通过全面、深入、系统的培训和教育，使员工对企业文化理念的理解从无形到有形，逐渐被塑造出来。总的来说，这个过程就是将认知转化为认同，让员工在初步理解的基础上谋求融会贯通，发挥员工的主观能动性，点燃他们为企业做贡献的热情，使员工完成从思想到行动的转变，推动企业文化的落地，最终满足企业长期发展的要求。

企业文化培训体系构建，关系到五个具体方面的建设，即企业文化培训的师资体系、课程体系、实施体系、支持体系、评估体系，如图 7-1 所示。

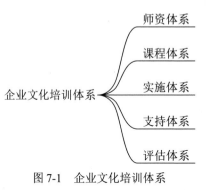

图 7-1　企业文化培训体系

7.1.1　师资体系建设

师资体系由企业内部培训师队伍和企业外部培训师队伍两部分组成。

（1）内部培训师队伍建设

企业可以对员工进行集中筛选，形成一支内部培训师队伍。这支队伍完全由企业内员工组成，企业需要定期对他们进行培训，使其有能力在完成本职工作的同时负责企业文化培训工作的贯彻落实。对这支培训师队伍进行教育的师资力量主要来自企业高、中层领导，文化专员，甚至普通员工。

由于企业文化内部培训师在企业形象的塑造、企业文化的落实过程中能够发挥决定性作用，因此这部分员工的价值观念必须与企业高度一致。企业在组织内部培训师队伍进行经典案例学习、口才技能训练之余，可以从政策、战略的高度对他们进行引导，确保内部培训师的理念契合企业的价值取向与宏观目标。另外，企业还可以开展内部培训师评优活动，在培训师队伍内部形成良性竞争，使自我激励、评估蔚然成风，提高企业文化培训师队伍的素质和水平。

但需要注意的是，内部培训师队伍也要有人员的更新，培训部门应该从有潜力的对象，尤其是高、中层领导中物色人选，不断为内部培训师队伍输送新鲜血液。这是因为企业的高、中层领导在企业文化培训中有着不可替代的作用：高层领导可以发挥带头、示范作用，促使更多员工参与到企业文化的建设中来；中层领导则起到承上启下的作用，向上负责高层制定的战略的施行，向下关联到企业独特文化氛围的形成，要实际参与到基层建设中去，这要求他们不但要对企业文化有较深的了解，还要有较丰富的基层工作经验。

（2）外部培训师队伍建设

外部培训师队伍主要由企业文化、企业管理等领域的咨询机构、培训机构、高校专家等组成。通过聘请这些专业人员，对员工进行全方位的培训，能够提高全企业员工尤其是内部培训师队伍的文化素质。在培训的同时，企业还需建立一套针对外部培训师的评估机制，分别在专业水平、课程安排、知识技能、教学效果、学员评价等方面进行具体评估，对队伍成员进行取舍，不断强化师资力量，建立企业自己的外部培训师人才库。

7.1.2 课程体系建设

企业文化的培训需要一套科学系统、行之有效的课程体系。课程体系可以根据不同维度进行细分，在不同层级对象、不同学科与不同业务性质等维度上又可以细分出具体的培训课程。

课程体系中一般有企业文化的基础知识与典型案例、企业文化与战略、班组文化建设、人力资源管理、企业历史与成果、核心理念、员工行为规范、企业管理经验总结以及团队建设和创新管理等方面的内容，这些课程在不同维度中分属不同的类目，如企业文化的基础知识在基于不同层级对象的课程体系中属于培训师队伍的培训课程，而在基于不同学科性质的课程体系中又属于企业文化理论的相关课程。

（1）基于不同层级对象的课程体系

按照不同层级的培训对象，企业文化培训的课程体系主要包括以下内容，如表 7-1 所示。

表 7-1　基于不同层级对象课程体系

层级对象	培训课程	培训重点与意义
中高层管理人员（包括部门负责人）	企业文化建设体系 企业文化核心理念 企业文化诊断分析 企业文化建设规划 企业文化与战略 企业内外部环境分析 企业管理经验总结 执行力 团队建设 创新管理	侧重于战略、管理层面，尤其是企业文化战略的执行落地。充分发挥领导的引领作用以及中层骨干的上传下达作用
企业文化培训师队伍（主要由企业内部选拔的企业文化培训师构成）	企业文化基础知识 企业文化建设意义 企业文化评估与改进 企业文化建设体系 班组文化建设 企业内外部环境分析 企业文化核心理念 企业文化建设规划 企业历史与成果 企业文化典型案例 员工行为规范 品牌形象体系 演讲与授课技巧	侧重于企业文化基础知识、企业文化建设理论体系、企业文化内容体系、企业历史与成果、演讲技巧等。确保培训师在深刻理解公司企业文化背景、理念、具体建设方案的基础上，向其他员工准确传递公司企业文化理念、工作部署及要求
全体员工	企业文化核心理念 企业历史与成果 企业文化典型案例 品牌形象体系 员工行为规范 服务手册（规范） 有关规章制度	侧重于企业文化理念、行为规范及历史成果的学习与传播。促使全体员工统一认识、规范行为，进一步了解企业的历史文化底蕴

（2）基于不同学科性质的课程体系

按照不同的学科性质，企业文化培训的课程体系主要包括以下内容，如表 7-2 所示。

表 7-2　基于不同学科性质的课程体系

学科性质	培训课程	培训重点与意义
企业历史	企业历史与成果 企业荣誉	加深员工对企业历史的了解
企业文化理论	企业文化基础知识 企业文化建设意义 企业文化评估与改进 班组文化建设	加强员工对企业文化建设相关理论知识的学习
企业文化建设	企业文化建设体系 企业文化诊断分析 企业文化建设规划 企业文化核心理念 企业文化典型案例 员工行为规范 品牌形象体系 有关规章制度	明确公司企业文化建设的意义、路径与方法，统一并规范企业的识别体系，包括理念、行为、视觉，达到统一认识、转变观念、规范形象与行为的目的
管理类	企业内外部环境分析 企业文化与战略 企业管理经验总结 执行力 团队建设 创新管理 演讲与授课技巧	提升员工管理能力与综合素质，促进企业文化建设工作的有效执行与落地实施

（3）基于不同业务性质的课程体系

企业的不同业务分属不同的生产环节，也属于企业组织架构中的一个方面，因此不同业务性质的课程可以按照生产环节、企业组织架构的维度进行分类，如按照生产监测、市场营销、金融财务、人事组织、科技创新、安全监督、维修采购等维度划分。企业按不同业务性质进行初步的课程划分之后，需要再以不同层级对象、学科性质为参照，做到不同维度之间相互渗透、相互配合，形成既有总体框架又有细节区分、切实符合每一个员工具体情况的课程体系，最后再由公司将其纳入搭建好的企业文化培训课程库中。

其中，总体框架包括上述的一些通用课程，如企业文化的基础知识、核心理念与典型案例，企业历史与成果以及品牌形象体系等；而细节区分主要体现在与员工负责业务的性质或者企业文化中的细节密切关联、富有创新内涵的课程中，如部门之间差异性的行为规范与服务标准、部门独有的特殊文化理念等。

7.1.3 实施体系建设

企业需要根据不同层级对象、不同部门、不同岗位、不同业务性质，对各类培训形式进行系统梳理并有效开展多样化的培训活动。常见的培训形式包括大型会议、集中授课与讲座、研讨会、"传帮带"、案例故事学习、角色扮演、拓展训练、参观学习等。我们可以根据培训时间、频率的安排和管理活动的融入程度，将培训形式分为定期专题培训、不定期专题培训和嵌入式培训三大类型，如表 7-3 所示。

表 7-3　培训形式的主要类型与特点

类型	释义	主要培训形式	特点
定期专题培训	主要指根据企业文化建设规划的工作重点及其要求，针对特定的培训对象，集中、持续开展有明确主题的企业文化培训学习活动	1. 大型会议 2. 集中授课与讲座 3. 视频学习 4. 在线学习 5. 研讨会 6. 案例学习 7. 角色扮演 8. 拓展训练 9. 参观学习（如学习标杆） 10. "传帮带"	主题明确、持续时间长、多种培训形式结合，但主题统一
不定期专题培训	主要指根据企业文化建设阶段性工作重点及其要求，集中、临时或者短期开展一些有明确主题的企业文化培训学习活动		主题明确、持续时间短、某一个主题的培训形式相对较少，一般以会议、授课为主

续表

类型	释义	主要培训形式	特点
嵌入式培训	主要指将企业文化培训嵌入各类工作会议、活动当中，使企业文化培训常态化，是企业文化专题培训形式的有益补充	嵌入对象： 1. 工作例会 2. 各类传播渠道与载体：内刊、网站、宣传资料、企业标语、文化墙、媒体等 3. 各类活动：评比竞赛活动、团队拓展活动、公益活动等	主题、形式及时间安排灵活多变，每次会议或者活动嵌入的培训主题及内容都会根据需要随时调整

以上列举的各类培训形式应根据不同层级对象、不同岗位、不同业务性质以及不同内容侧重点进行统筹安排，做到"因材施教"，同时确保重点突出、灵活多样，以追求培训效果最大化。比如，针对中高层管理人员，企业可以适当增加参观学习、角色扮演、案例故事学习等培训形式；针对一般员工，除了专题培训形式以外，嵌入式培训形式也需要逐步常规化、体系化；在班组中，更适合推广一对一"传帮带"的培训形式。

7.1.4 支持体系建设

建设企业文化培训支持体系的目的是优化组织形式、制度标准、流程管理、资金设备、文化知识等方面的条件，使其为企业文化培训保驾护航。其中最重要的是制度标准和流程管理。

（1）制度标准

制度标准是企业文化培训参照的细则以及对培训师的管理措施，如行为规范、通知表、协议书、统计与考核等方面的规定。制度标准，要便于参考，并由此对员工实施鼓舞、指引、惩戒和制约，从而规范全企业员工的行为。企业需要依据制度标准考核、监督企业文化培训工作，使其常态化、规范化。

（2）流程管理

流程管理方面需要依据"计划—实施—评估—改进—修订计划"闭环实施流程（如图7-2所示），开展企业文化培训工作。在这个过程中，需要满足其中各环节的具体要求，做到计划的系统全面、措施的具体可靠、框架的高度可塑，不断改进培训流程，从而提高组织管理水平。

这对企业文化培训部门的具体要求是严格以企业文化建设为核心，其他要求的优先度均低于这一要求。比如，需求判断分析是在已有培训工作的基础上进行的，首先要明确文化培训的宏观目标，其次要留意企业文化中存在的一些问题，最后还要了解员工对培训的看法。在此基础上综合评判，先明确培训的目标，再制订具体的行动计划，实施以后再经过评估、改进、修改计划完成闭环。

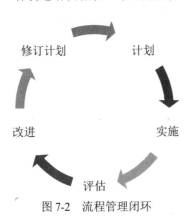

图 7-2 流程管理闭环

7.1.5 评估体系建设

对企业进行全面的量化评估以了解文化培训实际效果的过程，就是企业文化培训评估。企业文化是企业核心竞争力的集中体现，而企业文化的传达主要依靠文化培训，因此文化培训的对象、方式、组织和实施的方法、评估标准都必须明确且清晰，才能推动企业文化的构建，增强企业的文化竞争力。所以，企业必须有一个系统、科学的评估体系。

（1）明确评估目标

培训部门首先要明确评估的目标，包括培训的范围、侧重点与具体内容，然后才能着手进行评估。

① 对企业文化培训的预期效果进行评估：企业文化培训要达成什么目标，是否明确，是否有希望达成目标效果。

② 对培训过程中的具体细节和方法进行评估：企业文化培训的细节是否符合企业的战略目标，具体措施是否行之有效。

③ 对组织培训的方式和培训的实施情况进行评估：企业是否有合格的培训团队，组织结构是否合理，资源是否丰富。

④ 对师资力量进行评估：培训师队伍是否拥有合格的培训水平和专业素养，是否能够满足企业的培训要求。

⑤ 对培训效果进行评估：评估的方式和评价标准是否有效，是否客观准确。

（2）选择恰当的评估方法

企业文化培训的具体情况复杂多变，必须根据实际情况在不同的评估方法中进行选择。现列举几种常见的评估方法作为示例。

① 问卷调查法：通过对员工统一发放问卷，统计员工对企业文化培训的看法，了解员工对培训的态度，对各个方面是否满意。

② 实地访谈法：进入实际工作环境对进行培训的员工进行深度访谈，获得开放性建议。

③ 直接观察法：直接观察员工对培训的态度和参与的程度，以评估培训内容等方面的情况。

④ 绩效分析法：统计培训之后员工的业绩变化，以了解培训是否提高了员工的工作能力，明确培训是否对员工的业绩有影响。

⑤ 内容分析法：对培训的资料进行统一处理，收集数据，量化分析，以全面、系统、客观地分析培训的过程和结果。

（3）分析评估结果并进行总结

评估完成并不意味着评估工作的结束，必须分析评估结果并进行总结，才能在此基础上找到企业文化培训的关键所在，推动企业文化的培训工作有效进行。

① 对评估结果进行分析：收集评估过程中得到的数据并展开分析，选择一种定性或定量的方法进行研究，得出真实的结果。

② 对分析的结果进行总结：利用分析结果，结合实际培训工作中的难题得出结论，了解"痛点"，明确改进的大致方向。

③ 在结论的基础上思考措施：对症下药，不但要找到企业文化培训的特有优势，还要找到不足之处，确定改进的措施。

④ 具体措施的贯彻落实：根据制定好的措施思考具体细节，并持续跟进后续改进效果，观察措施是否有成效。

（4）撰写报告，呈现结果

以上步骤完成后，根据评估的结果和具体细节，撰写评估的综合报告，对评估报告进行编排以直观呈现结论。评估报告应有以下几个组成部分。

① 评估的对象和范围：首先要说明评估的对象以及评估的重点。

② 评估中使用的方法：介绍评估中使用的方法，包括问卷调查法、实地访谈

法、内容分析法、绩效分析法等，并描述具体过程。

③ 评估结果：总结评估结果，并继续进行拓展性分析，明确培训体系的优点和缺点，探索体系更新的可能。

④ 未来规划：在更新的大致方向确定后，提出具体可行的计划，不要忘记标明时间和责任人。

综上所述，企业的可持续发展离不开文化培训评估以及评估体系的建设。在进行评估时要知道评估最终需要达成什么目标，明确对哪些方面进行评估，了解常见的评估方法，对评估数据进行收集和分析，然后提出行之有效的建议，才能让企业的文化培训模式不断丰富、发展，最终增强企业的竞争力。

7.2 企业文化培训的问题与对策

7.2.1 设计针对性的培训内容

（1）问题：缺乏具有针对性的培训内容

随着市场的变化与时代的发展，很多企业开始逐步优化自身的企业文化培训体系，不过在培训内容方面仍需进一步细化。目前，部分企业不仅部门众多，而且员工背景差异较大，比如年龄、司龄、学历等都有所不同，在这种情况下，企业应按照培训对象、培训目标的需求来合理安排培训内容。

在企业发展的过程中，业务板块会逐渐增多，规模会不断扩大，工作流程也会随之细化，员工数量以及工作责任等都会发生相应变化。企业要为不同员工的发展设计不同的规划，在企业文化培训的过程中激发每位员工的工作热情和积极性，增强其对企业文化的认同，加深企业与员工之间的情感联系，通过开展系统性的企业文化培训来提升企业的竞争力。从目前各企业的培训模式来看，大多数企业的企业文化培训类似于"填鸭式"的灌输，员工一般只能被动接受，这种洗脑式的培训很难获得良好的培训效果。

（2）对策：设计具有针对性的培训内容

企业要想让培训获得良好的效果，就要对培训内容进行精心设计，使培训内容尽可能细分，同时也要注重优化培训模式，并注意安排合适的培训时间，尽量让全体员工都能够有时间参与到企业文化培训当中来,具体的培训体系设计流程如图 7-3 所示。

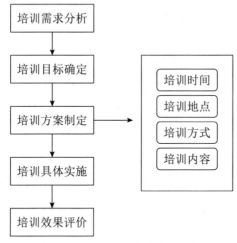

图 7-3　企业培训体系设计流程

① 针对员工的培训体系设计。企业在对新入职员工进行企业文化培训时,可采用脱产集中培训与岗中培训两种方式。其中,脱产集中培训指让员工离开本职工作与工作环境,由相关专家、讲师对其进行集中授课,该方式注重提升员工的整体素质与相关岗位的工作知识、技能水平;岗中培训则是让员工在完成岗位工作之余,学习企业发展史、企业发展规划与企业文化精神等,增强新员工对企业的认同感与归属感。

② 针对管理者的培训体系设计。在规模较大的企业中,管理者众多,并处于不同层级,这些成员的共同点主要体现在工作年限较长,且比较认同企业文化。因此,在对这部分人员进行企业文化培训时,要注意培训重点的差异化。

- 高层管理者的培训重点:培养其战略理念、高超的领导艺术、氛围的营造与人格魅力的提升等。这部分成员是引导员工进步的关键,所以对于他们来说,掌握管理学方面的相关知识与技能是非常有帮助的。
- 中层管理者的培训重点:完善其管理方式,加强其创新意识,提高其文化素养,增强其管理能力,从而更好地推动企业的经营与发展。培训的主要内容应包含部门环境、业务技能、团队的组织协调等。
- 基层管理者的培训重点:明确其对职位的认知,提高其工作技能与实务,增强对基层员工的管理能力等。培训内容可围绕组织沟通能力、团队文化建设能力等展开。

7.2.2 采用先进的培训方法

（1）问题：培训方法相对陈旧

对于企业而言，文化培训的内容与方法应当不断地进行调整与更新，要随着企业的实际发展需求而改进和优化。目前来看，企业文化培训已经越来越多地采用PPT、多媒体等培训工具，不过培训方法仍然有些陈旧，培训模式基本沿用讲授式、研讨式等，培训内容也比较晦涩、枯燥，而且在培训的过程中与员工的互动较少，无法激起员工的学习热情。这种传统的培训方法很难让专业型人才、技术型人才等全心投入企业文化培训中，导致培训的整体参与度不高，培训效果大打折扣。

目前，开启数字化转型的企业也都在进行文化培训方法、模式以及内容的改革与创新，为满足员工需求、促进企业发展，很多企业开始使用现代化培训方式与培训工具。不过培训改革的进程尚处于初级阶段，还没有将现代培训工具与培训方法进行充分融合。比如，大部分企业的文化培训尚未用到线上课堂与线下课堂相结合的培训方式，而且课堂的互动性也不够。

（2）对策：采用先进的培训方法

企业在对员工进行文化培训时，不仅要精心设计培训课程，还要结合先进的培训方法，根据培训对象的差异，进行个性化培训课程的研发。

在明确要使用的文化培训素材之后，企业首先要确定与之相匹配的培训方法。在培训方法的选择上，应与时代的发展相契合，可利用直播培训等线上方式，消除培训时间与空间的限制；也可以选用腾讯会议、钉钉等办公软件等，对员工进行阶段性的集中培训。在进行企业文化培训时，要注意强调培训师与参加培训的员工之间的互动性。在相同时间段，线上培训与线下培训所产生的互动效果是存在差异的，员工可以通过不同的培训方式得到不一样的体会，由此进一步深入领会企业文化的内涵。

在授课模式上，可探索专业培训讲师与优秀员工共同承担培训任务的模式，因为仅采用培训师的培训方法较为单一、乏味，培训师与优秀员工相结合可以有效增强企业文化培训的效果。与此同时，让优秀员工承担培训任务还可以帮助员工提高自身的专业知识与技能，使其获得更为强烈的企业认同感与归属感。正如"科学管理之父"弗雷德里克·温斯洛·泰勒（Frederick Winslow Taylor）在《科学管理原则》一书中所谈到的，科学管理不是驱赶人去工作，而是一种好意，一种教育。

7.2.3 培训内容要兼顾企业发展

（1）问题：培训内容与企业发展兼容性不足

企业要清醒地认识到，文化培训与经营发展息息相关，要做好二者的联动。企业在发展壮大的过程中，业务覆盖面不断扩大，业务板块逐渐增多，在这个过程中也会存在收购或兼并的情况，这就会涉及不同文化的兼容问题。收购或兼并进来的企业其文化可能与总公司的文化相斥，这时企业可以考虑借助企业文化培训来化解此类问题。

通过校园招聘方式进入企业的新员工，他们身上带有较多的校园文化气息，个性特征也比较鲜明，这可能与企业自身的文化存在一些差异；一些曾就职于其他企业的、富有工作经验的员工，进入新企业后可能带有前公司的企业文化痕迹，在沟通交流、行事风格等方面可能与目前企业的文化理念存有差异。以上问题都反映出企业文化与企业发展兼容性不足的问题。

（2）对策：培训内容兼顾企业发展

企业文化培训内容的设计一定要紧跟企业的发展，与企业发展目标相吻合，这样才能够将培训内容与企业发展有效统一起来。企业文化培训要着重关注以下四个层面，如图7-4所示。

① 反应层。该层面主要体现的是员工对企业综合内容的建议与意见，比如企业文化、工作氛围以及发展规划等，企业可以通过反应层来对培训内容进行相应的改进与完善。

② 学习层。该层面主要指的是，在整个培训过程中培训师能否做到让学员有所思、有所学、有所悟。譬如，新员工在接受培训之后是否能够迅速投入自身的工作环境当中，工龄较长的员工在接受培训后协调能力、专业技能是否得到提高等。学习层主要用以确保员工在培训学习中有收获、有提高。

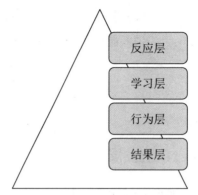

图 7-4　企业文化培训要着重关注的四个层面

③ 行为层。该层面是对培训效果的一种检验，也可以理解为培训后对员工的考核与监督，确保取得良好的培训效果。在培训完成后，企业管理者要对每位学员进行持续的跟踪与交流，观察其参加培训前后的工作行为转变。

④ 结果层。该层面主要指的是，员工在培训结束后，其工作行为是否促进了公司业绩的提升，重点考察培训所带来的相关收益。重要的是，在经过企业文化培训后，员工应对企业产生认同感、归属感和信赖感，唯有这样才可以提升企业的竞争优势。

7.2.4　构建企业文化培训考核机制

（1）问题：缺乏明确的考核机制

很多企业十分重视企业文化的培训过程，但培训结束后却没有确立好后期的跟踪、考查及评估等制度。若在培训过程中缺乏相应的考评制度，那么参与培训的员工很有可能通过各种方式躲避培训；若在培训结束后没有相应的跟踪与评价制度，那么参与培训的员工真正将所学落实到工作中的概率也会比较低。企业缺乏培训后的考核机制，会导致员工的学习效果不够理想。

（2）对策：建立企业文化培训评估系统

冰冻三尺，非一日之寒；滴水穿石，非一日之功。企业文化培训并非一蹴而就的，只有经过时间的累积和岁月的沉淀，才能构建起良好的企业文化。同样地，已经建立好的企业文化也不能置之不理，而是要不断维护、更新，使之适应市场与社会的变化，能够促进企业健康长久发展。

为更好地将企业文化与企业管理进行融合，企业要注重构建相应的体系架构作为企业文化的重要支柱，比如组织结构、激励机制、培训体系等。企业还应该构建相关的评估系统，及时对企业文化培训工作进行"回头看"，找出培训过程中出现的各类问题，为日后培训工作的开展积累经验。

在培训结束的考核与评估中，企业首先要明确评价对象与评价指标。事实上，很多企业文化的内容很难进行量化评价，因此，企业应针对文化培训工作建立相应的评价指标体系，并积极贯彻执行，由此来考察培训效果的好坏。企业建立这类指标体系时，一定要明确以下两点：

① 设立指标的原则。企业需要认识到，评价指标的设立不应太过理性，要做到感性与理性有机结合，不仅要有定量的考核，也要有定性的考核。根据以往相关评估经验，完全依靠感性或完全依靠理性都会导致结果与事实存在一定的偏离，所以一定要做到二者兼备，这样才能建立较为科学的评价指标体系。

② 考核与评估的重点。在制定评价指标过程中，企业要重点考察以下四个维度，如图7-5所示。

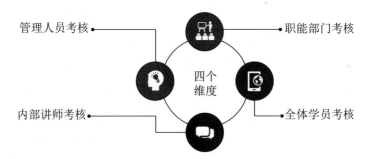

图7-5 考核与评估的四个维度

- **管理人员考核**：着重关注其工作中能否准确、及时且有效地宣讲企业的文化理念。
- **内部讲师考核**：着重关注其授课的效果、课件质量以及学员对课程的反应。
- **职能部门考核**：着重关注其对企业文化培训的组织、规划以及管理是否符合标准。
- **全体学员考核**：着重关注学员参加培训的积极性以及是否遵守培训秩序，确定考核通过的合格线，记录学员违反公司规章制度的行为与次数。

对于已经确立的评价指标，企业一定要严格执行，要适当地对考核、评估达标的学员进行奖励；对于考核、评估不达标的学员，要进行严厉警告与适度惩罚，以加强学员对考核与评估的重视程度。

企业文化培训需要一个长期的设计与打磨的过程，在整个过程中企业要对不符合企业发展的部分进行及时的修改与调整，不断加强培训师的责任感，调动起员工参加培训的积极性，使企业的文化理念、精神价值融入员工思想当中，并最终转化为行动，落实到具体的生产经营实践中去。企业要让自身的价值观与员工的价值观充分融合，提升企业的凝聚力与向心力，提升核心竞争力。

7.3 企业大学的建设与运营路径

7.3.1 建立企业大学的意义

经济全球化的浪潮不仅为企业带来了全球化的视野和更加精细的分工模式，也为企业带来了不同以往的竞争和挑战。当下我国企业所面临的是世界范围内的竞争，这就要求企业不断提高自身的竞争力，以获得更加长久的发展。

就目前来看，企业间的竞争主要靠的是产品的质量和价格；但从长远角度来看，企业的核心竞争力是对新产品的快速研发和对市场机会的灵活把控。这些核心竞争力是团队协作与集体学习的成果。当代杰出的管理大师彼得·圣吉（Peter Senge）认为，现代企业间的竞争，实质上是企业学习能力的比拼，而取得竞争胜利最为关键的便是掌握优于对手的学习能力。在这种背景下，企业纷纷开始进行企业内部的培训与教育，与此同时，以往采用的传统培训模式的局限性也日益显现。这种传统培训模式具有以下缺点。

- 以知识的被动接受为主，学习安排比较呆板，个性化、互动性的学习内容少。
- 引进的课程和师资有限，时间安排难以协调，很难达成全体员工共同参与培训的要求。
- 培训的相关制度不仅与企业的文化理念匹配度较低，而且与企业的生产经营实践脱离开来。

- 培训过程中交流与互动较少，员工只能专注于提升个人业务能力，缺少对整个业务流程的思考与体悟。

由于传统培训模式具有种种缺点，因此，一些企业开始投入时间和精力打造与企业需求相契合的内部讲师团队，企业大学便如雨后春笋般不断涌现出来。具体来说，在企业内部建立企业大学的意义主要体现在以下几个方面，如图7-6所示。

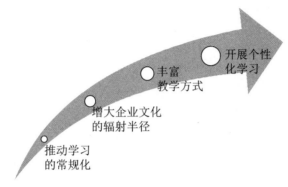

图7-6　建立企业大学的意义

① 推动学习的常规化。企业大学不仅可以增强企业的向心力，增加员工对企业的认同感，还可以将学习转化为企业的常规业务，使学习与培训成为企业运营的必要环节，促进企业内部知识的传播、积累与创新，使员工能够更快、更好地学习知识、掌握技能，并有效提高工作效率。

② 增大企业文化的辐射半径。企业大学开展的各项活动能够增强企业与分支机构间的交流与沟通，提升团队的协作能力。当企业大学运行步入正轨后，还可以让终端客户和合作伙伴加入企业学习的范围内，拉近彼此间的距离，并使得企业成功转型为学习型企业，提高自身的核心竞争优势。

③ 丰富教学方式。企业大学虽然脱胎于企业，但比传统的企业培训更加专业，更能够确保教学效果。企业大学可以通过多样化的学习系统轻松实现学习跟踪、课程分配与统计分析等功能，还可以帮助管理人员灵活调整排课，如根据岗位和教师来设置课程等，从而为全体员工提供灵活优质的学习机会。

④ 开展个性化学习。企业大学能够真正为员工提供个性化的4A（Anytime、Anywhere、Anyone、Anything）培训，使每位员工都可以在任意时间、任意地点

学习自己感兴趣的任何课程。此外，企业大学独有的互动交流板块可以增进培训师与学员间的交流沟通，促进员工的全面发展和价值提升。

7.3.2 企业大学的组织构成

（1）学员组成

企业大学对于企业而言是十分重要的，它是整个企业的重要战略部门。企业大学的学员组成也有狭义与广义之分：狭义的学员主要指企业的所有员工，广义的学员还应包含企业的客户与合作伙伴。从广义的学员组成来看，企业大学可以使企业所在的整个价值链带有共同的文化色彩，从而加强彼此间的联结。

（2）师资组成

企业培训师队伍与社会师资是企业大学主要的师资力量。企业大学起初主要采用社会师资来推行素质普及教育，之后随着企业学习机制的完善与企业培训师队伍的发展，其开始逐步采用企业培训师队伍来普及新观念、新技术，推进企业技术的创新与企业技能的提高。

（3）培训方式

国内现代企业目前主要采用的是国际通行的 E-learning（电子化学习）培训方式，这种培训方式不仅经济适用，而且效果较好，可以为企业提供多种学习选择，可以从个性化、全体性及团队化等多方面切入。与传统的面授方式相比，E-learning 培训方式不会受到时间、空间及人数的限制，可提供 4A 培训，不过其培训的互动性较面授方式差一些。但传统面授方式也存在弊端，主要表现为成本高、时效短且覆盖范围小，很难满足企业存储知识与动态成长的需求。

综上所述，E-learning 培训方式与传统的面授方式是较为互补的，企业大学可以考虑采用混合式的培训模式，将 E-learning 作为主要的培训方式，辅以传统的面授方式。为确保企业大学培训的覆盖面、经济性与效率，企业大学在进行集中培训时应当注意将培训的知识或方法与员工的工作实际相结合，可以采用在工作现场授课的方式或在工作现场进行即时培训，做到知识与方法的切实推广与普及，还能够增强特殊专题培训的互动性。

（4）培训场所搭建

企业要积极搭建相关的网络学习平台，确保学习平台的适用性、科学性与经济性。同时，配备好固定的传统面授教室和个人及团队拓展训练场所，并加快建设电化教室，完善企业的信息化学习系统。

(5) 培训绩效考核

培训是为了使员工的个人技能、团队的协作能力等得到提升，因此培训并不是关键，培训的效果才是重点。对于企业而言，学员的培训绩效转化和对培训的有效评估是十分重要的。企业大学的培训效果分析与评估应当与企业人力资源考评制度充分结合，使整个培训考核体系与企业人力资源管理体系相融合，构建动态、系统的人才培养与发展模式。

7.3.3　企业大学的课程体系

企业大学的核心资源是课程体系，良好的课程体系可以辅助企业大学合理、高效地进行人才培养，并获得理想的培训效果。企业要想保证培训的科学性和有效性，就需要积极开发内部课程，按需选用外部课程，从而构建系统性的课程体系。企业大学切忌一味地引进外部课程资源，因为这样的课程不仅针对性、系统性较差，也很难与企业管理实践和业务策略相结合，无法获得理想的培训效果。企业大学课程体系主要包括以下内容，如图 7-7 所示。

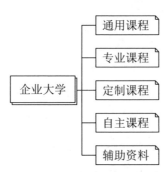

图 7-7　企业大学的课程体系

① 通用课程。主要指适用于全部企业的商科和技能类的课程，包含生产管理、财务管理、人力资源管理、营销管理与技能、职业技能以及商务礼仪等课程。这部分课程有利于丰富员工的知识储备，促进其知识结构的全面发展。

② 专业课程。主要指某一领域的专业课程，不同企业所在的行业差别很大，因此各企业所需要的专业课程也有较大不同。专业课程对于员工敏锐捕捉行业先

机具有重要意义，有助于提升企业在行业内的竞争力。

③ 定制课程。主要指企业根据自身实际需求委托第三方开发的课程，这类课程对企业而言极具商业价值，它能够对企业自身的重点问题进行梳理、分析，并提出相应的解决方案，还可以将企业多年来经营发展所积累的宝贵经验进行传播、推广。此类课程主要定制内容包含技术知识培训、管理知识技能培训、新产品推介、渠道与客户培训等。

④ 自主课程。主要指企业自主研发的个性化课程，研发过程涉及课程的选题、设计和开发等一系列环节。现代企业的科技水平随着社会的发展不断提高，企业完全有能力自己制作一些课程，把急需宣传和普及的知识、技能制作成课件，快速对相关部门或人员展开培训。这些自主研发的课程是企业所独有的，是企业的一种无形资产，蕴藏着很大的商业价值。

⑤ 辅助资料。主要指员工在企业培训过程中所需要的相关资料与辅助工具等，包括行业数据库、行业法规库、企业案例库及企业图书馆等。这些辅助资料可以帮助员工加快理解所学习的内容，提升学习效率。判断企业知识体系完整性的一个重要参考便是考察其辅助资料库是否建立并完善。

7.3.4 企业大学的管理体系

企业大学关乎企业未来的发展，是企业在发展过程中不可或缺的重要平台。企业需要借助企业大学来完成内部沟通、技能培训和文化传递等工作。从实践方面来看，企业大学能够最大限度地为企业提供完善的人力资源培训体系和有效的学习型组织构建手段，帮助企业证明自身的规模和实力。

企业大学的作用主要可以归结为以下两方面。

- **对内**：企业大学加强了员工培训和员工个人发展之间的联系，能够为员工制定符合其个人情况和公司发展需求的学习方案，并为员工提供相应的培训项目，帮助员工进行自我提升，进而提高企业的人才留存率。
- **对外**：企业大学加强了企业和合作伙伴之间的联系，能够为经销商、批发商和终端客户等多方人员获取知识和技能提供方便。

企业大学正常运转的基础在于建立良好的企业大学管理体系，唯有好的管理制度与规范的操作流程才能够让企业大学与企业的工作实际相贴合，从而促进企业大学的高效运转，不断提高企业的生产经营效率。企业大学的管理体系内容如图 7-8 所示。

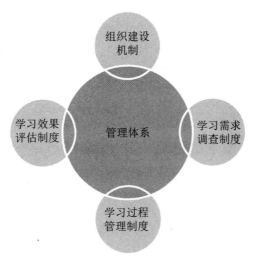

图 7-8　企业大学的管理体系

① 组织建设机制。为保障企业大学的有效运转，企业领导者应积极组建适合企业大学的运营管理团队，加快建立相应的部门或人员负责制度，如教务管理、资源管理等职能部门要定人定责，从而系统化管理企业大学的组织体系。

② 学习需求调查制度。为确保培训学习的针对性与科学性，企业应建立健全学习需求调查制度，就培训的时间选择、内容选取及评估安排等相关事项在学员间展开调查，并结合企业的实际需要来确立培训方案。为此，企业大学管理人员应将确定的培训方案发放给所有学员，在学员中开展广泛、深入的满意度调研，最后对调研结果进行汇总与评估，形成最终的培训方案。

③ 学习过程管理制度。为保证学习制度的合理性与科学性，企业大学应做到对学员学习过程进行全程式、跟踪式管理，从课堂出勤到学习效果的考核，各环节都要制定相应的制度与流程，为整个学习过程提供全方位的制度支撑。同时，企业大学应该针对学员对课程的反应来不断优化课程内容与培训计划，以优质的内容、科学的安排来调动学员的学习热情。

④ 学习效果评估制度。为推动整个学习机制在企业内部的快速普及，企业大学需要建立与之适配的学习效果评估制度，对整个学习活动进行验收，比如组

织安排相应的考试，设立相关的奖惩制度，使学习过程更加规范，充分确保学习效果。

目前来看，与企业的发展历程相比，企业大学的发展时间较短，积累的经验也比较有限，还需在实践中不断探索与总结。企业大学之所以具有价值，是因为其顺应了时代发展、符合市场的要求，但其价值的发挥也离不开企业的努力与坚持，比如企业高层的支持与参与、学习内容与企业战略需求的紧密结合、综合评价指标的建立、企业大学价值的宣传以及科学技术的助力等。

7.3.5 宝洁大学的培训机制

宝洁大学以其健全的组织架构、丰富的课程体系以及独特的培训机制，成为众多企业学习与效仿的典范。宝洁大学的培训模式，不仅为宝洁公司培养出大量的优秀人才，而且为国内一些领先企业（如腾讯、阿里、京东、网易等）输送了大量的管理人才，宝洁大学也因此被冠以"快消界黄埔军校"的美誉。

下面我们分别从以下三个方面对宝洁大学的培训机制进行详细分析。

（1）多维立体

宝洁具有全员、全程、全方位"三全一体"的培训体系。

- **全员**：宝洁的培训体系可全面覆盖所有岗位和所有员工。
- **全程**：宝洁的培训体系可覆盖员工从入职到退休的整个职业生涯，确保员工在任意阶段都能够得到培训。
- **全方位**：宝洁的培训体系可覆盖以基础素养、专业素养和管理素养为主的多个方面的内容，充分确保员工培训的全面性。

除此之外，宝洁还针对具体职位分别制定了不同的培养方案，如M（Management，管理）系列、A（Administration，行政）系列、T（Technical，技术）系列，同时宝洁大学还按照人才培养需求划分出全球总部的GM（General Manager，总经理）学院、全球总部职能部门的职能学院、各大区的P&G（宝洁）学院和大区的职能学院。

宝洁对培训的重视程度极高，完善的培训体系和培训流程是支撑其进行人才管理的基础，但同时复杂的体系也会给组织管理造成困难，因此宝洁大学需要在确保自身人才培养效率的基础上提高体系运行的流畅性，进而达到持续增强企业生命力的目的。

（2）文化纯净

著名管理专家吉姆·柯林斯（Jim Collins）认为，外聘知名人士作为企业的领导层人员不仅无法促进企业发展，甚至还会带来消极作用。因此，许多实现快速发展的企业的领导层都是企业内部提拔上来的有识之士，对企业来说，为各个岗位匹配合适的人能够有效降低管理成本，优化管理效果。

宝洁通过内部培养和提拔的方式不仅确保了自身企业文化的纯净，同时也能够获得高于其他企业的培养效率，从而在一定程度上强化自身的竞争优势。宝洁通常借助以下三条用人策略来确保自身企业文化的纯净。

- 招聘应届毕业生，降低受聘人对企业文化的接受难度和企业的人才培养难度，减少企业在人才培养方面的成本支出。
- 内部提拔员工，培养认可企业文化的内部员工，提高人才培养的成功率，减少在人才培养和沟通方面的成本支出。
- 使用内部培训师，充分发挥内训师所掌握的实践经验和企业文化的作用，从而强化内训师对学员的影响，充分确保企业文化的传承性。

纯净的企业文化能够确保企业内部员工所使用的语言和行为模式的一致性，从而帮助企业降低管理成本，提高培训效率。宝洁不仅充分确保了自身企业文化的纯正性，在培训方面也呈现出管理全面性强、成功率高等优势。

（3）机制咬合

在宝洁公司内部，培训体系与企业之间存在互相咬合的关系，培训体系能够在人才等方面为企业的发展提供支持，企业也能够为培训体系提供保障，由此可见，宝洁的培训不仅涉及企业大学各个部门，更是整个企业的重中之重，它能够实现更好的培训效果，为宝洁公司实现快速稳定发展提供强有力的支持。

宝洁在培训机制中将业绩评价、能力评估、个人发展和未来一年工作计划联系起来，在年末开展绩效评价工作时，宝洁的管理层既要对员工个人的业务成绩进行评价，也要对员工的组织贡献度作出相应评价。由于培养人才能够提高组织贡献度，因此企业的管理者通常会不断提高对人才培养的重视程度。不仅如此，宝洁在推进绩效评价工作的同时也会评估员工的个人能力，并根据评估结果制定符合员工实际情况的个人发展计划和未来一年的工作计划。

宝洁的"四位一体"机制有效加强了员工发展和业绩评价之间的联系，大幅提高了企业内部各方人员对培训的重视程度和学习的主动性，同时也增强了管理层培养员工的积极性，从而达到提高员工个人能力和促进企业发展的目的。除此之外，宝洁公司还采用"双教练制"，实时掌握员工的个人成长情况，并将组织贡献度作为绩效考核的一部分，以便进一步提高管理者对员工培养、员工招聘、效率提升和知识分享等工作的重视程度。

第 8 章

企业文化
与员工关系管理

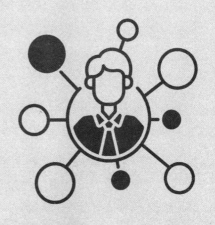

8.1 让企业文化成为每个员工的DNA

8.1.1 企业文化与员工关系管理

企业管理的核心在于管人，而管人又有三种境界，第一种"人管人"，第二种"制度管人"，第三种"文化管人"。对于企业而言，靠企业文化管理员工是重要而且必要的。企业的日常生产经营实践中处处体现着企业的文化理念，培养员工对企业文化的认同，有助于增强其工作热情与积极性，使之产生责任感与归属感，最终实现员工与企业的共同发展。

（1）员工关系管理的特点

在企业的生产经营中，管理者主要面对的三大要素分别是人、财、物，企业日常生产经营管理的重点也是这三者，而在这三者之中，最难、最重要的就是对人的管理。正如世界上没有两片相同的叶子，每个人也都是不同的，每位员工都有自己的脾气秉性，所以管理者在进行员工关系管理时要充分考虑到人性化与个性化的问题，要不断引进优秀的管理经验，丰富管理方式，尽可能地建立团结融洽、奋力共进的员工相处模式。

企业中的员工关系管理主要有以下几方面的特点，如图8-1所示。

图8-1 员工关系管理的特点

① 复杂性与相关性。企业的员工关系管理实际上是一个复杂的系统工程，涉及多方面内容。企业员工关系管理与企业文化、人事管理、劳务管理等方面都密切相关。

- **从企业发展角度来看**：员工关系管理是企业整个管理体系中的关键一环，对企业的长期发展与人才培养有重要影响。
- **从员工管理实际来看**：员工关系管理涉及诸多环节，譬如员工需求分析、招聘、选拔、培训、使用、考核、评估等。
- **从员工角度来看**：员工关系管理实质上是利益的分配，其管理的重点在于员工在企业工作中的心理状态，包括工作满意度、工作参与度与组织承诺等。

② 人性化和个性化。企业在进行员工关系管理时，一定要注重对员工的人文关怀，要尽可能地为其提供舒适的工作环境和良好的交流氛围；还要关注员工的个人成长与发展需求，为其提供发展的平台与机会。与此同时，员工也要积极融入集体，认同企业管理，并积极地进行自我管理。

③ 多方共同参与。目前，几乎所有的企业管理者都能够认识到员工对于企业发展的重要性，员工是企业最宝贵的资源，优秀的员工队伍才是企业竞争优势所在。随着市场的变化与社会的发展，以往的员工关系管理模式已然过时，这就要求企业管理者不断更新与改进传统的员工关系管理模式。在企业的日常工作中，员工分属于内部各部门，部门管理人员对于员工的表现更加熟悉，因此在处理员工冲突、协调纠纷、化解矛盾时，部门管理人员应与人力资源管理部门同时发力、共同参与。

④ 受内外部环境影响。市场环境是瞬息万变的，社会的发展也是日新月异的，企业要以发展的眼光看待员工关系管理。一方面，员工会不断成长，可能由基层员工成长为基层管理者、专业技术骨干、部门负责人，甚至成为公司高层；另一方面，企业不仅会受到国内外经济、政治等外部因素的影响，也会受到业绩要求、任务数量等内部因素的影响。因此，企业要不断优化自身的管理方式，汲取先进的管理经验，完善整个管理体系，促进员工关系的完善与发展。

（2）企业文化对员工关系管理的影响

① 统一员工思想，引导行为规范。在世界500强企业中，几乎每个企业都有自己专属的管理体制与管理机制，还会大量刊印企业文化手册。因为这些企业的管理者深谙企业文化的重要性，作为企业经营思维与战略规划的体现，企业文化不仅是内部管理的重要工具，亦是企业对外沟通与交流的一张名片，是构成企业

核心竞争力的关键要素。

企业文化在企业内部具有强烈的引领与示范作用，如一些企业将"专注做事、精益求精"确立为自身的核心价值观，在这种文化的熏陶下，企业中的员工自然会按照这一要求来对待工作。

② 凝聚团队力量，助力企业成长。企业要想拥有强劲的竞争力，首先要具有凝聚力。这就要求员工要将集体利益置于个人利益之上，不可因为个人恩怨、部门矛盾而损害集体利益。企业要致力于打造团结、和谐、能力强、素质高的专业团队，将不同背景、年龄、层级的员工用相同的价值观念凝聚在一起，让他们携手同心，团结协作，为企业的长远发展贡献力量。反之，若企业没有统一的价值观，员工则会犹如散沙，队伍也会软弱涣散，企业也难以长远地发展下去。

③ 化解内部矛盾，营造良好氛围。良好的企业文化有助于化解企业内部所出现的各类纠纷、矛盾，促进双方的沟通与协调。当企业与员工之间或员工与员工之间发生冲突或产生纠纷时，企业文化可以起到很好的调和作用，引导各方以集体利益为重，对事件的解决方案达成共识，从而解决纠纷、化解冲突，为企业的发展携手向前。

8.1.2 基于企业文化的员工关系管理

（1）完善员工管理制度

企业的生产经营离不开管理制度的约束与规范，所以在企业文化理念体系中自然包含企业管理制度这一关键部分。企业若想更好地完善员工管理制度，就要把企业文化的精华融入企业管理制度之中，使二者有机结合，实现企业的有效管理。比如，企业在确定招聘员工的相关制度时，要按照初试、复试、入职、培训等阶段制定合适的考察与评估制度，最后选定与企业发展相匹配的人才。同样地，企业在管理员工工作时，也要有所依据，可以制定相应的员工工作手册、企业规章制度、企业考核标准等，也可以通过定期举办相关的集中培训来帮助新老员工深入了解企业的文化理念、核心价值观等。

企业在进行员工关系管理时，要注意制度的改进与完善，这样才能够稳步提升企业的管理成效。同样，在制定或改善管理制度时，要以全体员工的根本要求为基础，确立基本工作准则。

（2）规划员工职业发展蓝图

每位员工都希望企业能够取得长远的发展，这既是员工对企业的期许，也是对自身未来发展的展望与规划。所以企业一定要在自身发展的基础上，帮助员工完成其职业发展规划，唯有如此，才能够从根本上激发员工的学习热情与工作积极性，促进自身与企业的共同成长。

个体的精神风貌会直接影响到团体的工作状态，当每位员工都具有乐观的心态时，其团队协作能力、组织沟通能力也会逐步得到提升，员工间的关系也会变得和谐融洽。因此，帮助员工认真规划其日后的职业路径，有助于企业更好地进行员工关系管理。值得注意的是，企业在为不同员工进行职业发展规划时，要注意因人而异，从员工的角度为其定制个人职业规划，不可千篇一律，要根据员工特点与岗位特点来设计具有针对性的发展方案，将员工的发展与企业的发展相结合，在发展过程中实现员工与企业的同频共振。

（3）建立员工自由交流的平台

人才是企业的核心竞争力，市场竞争的本质是人才的竞争，这势必会造成对人才的过度利用。企业既要关心员工的身体情况，也要关注其精神状态，为其搭建能自由交流的平台，提供可以进行意见反馈的空间，比如匿名信箱、心事留言板以及茶歇休息室等，使其工作情绪与精神压力可以得到释放与排解。这样不仅能够让员工畅快表达、提出建议，还可以加强员工之间、员工与管理者及部门之间的工作交流与沟通。

企业要充分认识到，关心爱护员工不仅有助于管理员工关系，还能够展现出企业的良好文化。这种带有人文关怀的企业文化是科学管理员工关系的催化剂，能够有效增强企业员工的向心力与凝聚力，从而为企业的发展注入源源不断的活力；相反，若企业文化过于严苛，不仅不能促进员工关系管理，企业的发展也会受到一定程度的限制。

8.1.3 企业文化认同的三个阶段

企业构建自身的文化理念、核心价值观等，最终的目的在于实施与践行，否则这一切就只是纸上谈兵、空中楼阁。因此，企业在进行文化建设时一定要注意文化理念的可行性，要在实践中不断进行尝试与完善。企业文化的建设过程需要实时进行自我审视、自我调整，与时俱进，使其符合企业不同阶段的发展需求。

通常情况下，企业的文化建设会经历以下三个阶段，如图8-2所示。

图8-2　企业文化建设的三个阶段

- **导入阶段**：重点是进行企业文化的宣传，让员工熟悉、掌握企业的文化理念。
- **深化阶段**：重点是全方位发力，取得员工对企业文化的认同，并让企业的核心价值观成为员工生活与工作中的精神引领。
- **提升阶段**：重点是对前面两个阶段取得的成效进行巩固，并按照企业所面临的内外部环境对自身文化理念体系进行改进与完善。

美国社会心理学家凯尔曼（H. C. Kelman）曾提出态度形成与改变的三阶段理论，分别为依从阶段、认同阶段和内化阶段。这一理论在企业文化建设方面也同样适用，员工在认同企业文化的过程中，同样需要经历依从、认同、内化三个阶段，如图8-3所示。因此，企业可以从员工的认知规律与心理特征出发，按照不同阶段进行相应的企业文化建设工作。

（1）依从

依从主要指个体因外部环境或压力而转变自己的态度或行为，强调的是表层行动的改变。在这一阶段，员工的行为基本符合企业的规章制度，但其内心的真实想法却并不一定同所表现的一样。在企业文化的导入阶段，员工所表现出来的就是依从，尤其是刚进入企业的新员工，在他们对企业认知尚浅、没有真正融进集体时，企业要对其表层的态度或行动进行管理。

依从阶段的重点在于用规章制度来讲道理、行管理，实现"管理有章法，行事有依据"。该阶段，企业可以多措并举地进行企业文化理念的宣传，例如：制定并发放企业文化手册，使员工

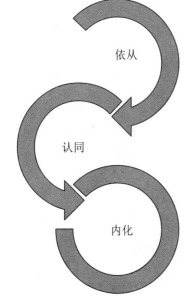

图8-3　企业文化认同的三个阶段

快速了解企业的文化理念体系及员工行为规范等;明确企业各项规章制度,将与企业文化建设相关的重要活动以文字方式记录下来,整理成册,并定期组织员工学习;定期举行相关的企业文化培训与宣传活动,拓宽企业文化宣传的通道;对培训与宣讲的效果进行考核与评估,加强员工对企业文化的了解与体会等。

(2)认同

认同主要指个体因在情感上与个体、群体间存在紧密联系或依赖关系而接受某些观点、态度和行为方式等。该阶段,员工自愿接受企业的各种文化理念,不会受到外界的压力与干扰,其行为与企业文化的要求相同,其内心也对企业文化表示认可。

企业若想取得员工对企业文化的完全认同并非易事,这需要借助员工与企业、部门、管理者及同事之间的情感联系。企业可以通过加强团队合作来促进员工间的交流沟通,也可以通过团体竞赛等活动来培养员工的集体荣誉感等,从多个方面来加深员工对企业文化的认同。比如,企业可以多举办节日晚会、周年庆典、拓展训练等大规模的集体活动,以加强企业的文化建设;可以建立健全沟通机制,促进部门间的沟通交流与协作,着力打造内部顶尖团队;可以通过各种奖励方式来激发员工的工作热情与积极性,做到人性化管理与个性化管理的有效结合。

(3)内化

内化主要指个体获得新的认知信念后,通过理解与吸收形成为"我"所信、为"我"所用的全新的观念,同时也对应着态度和行动的改变。该阶段员工获得了一种对企业文化的全新认知,并在无形中把公司倡导的价值观奉为自身的价值观念与行为准则。这时员工对企业文化的认同与接受,不来自外界的压力,也不来自情感的联结,而是源于脑中的认知与心中的信念。一般来说,员工在这一阶段所展现出的态度与行为更加坚定与持久。

通过以上三个阶段可以看出,企业将自身的文化理念转化为员工的认知信念需要一个漫长的过程,并非几次宣传和培训就能够取得效果。企业要从多方面、多角度来增强员工对企业的认可与归属感,比如:帮助员工做好个人职业规划,使其与企业一同进步、共同成长;建立有效的奖励机制,激发员工工作热情;领导者以身作则,率先垂范,为员工作出表率,在潜移默化中改变员工的行为模式等。

若企业的文化理念能够获得员工的认同与追随，企业就能够走得更加长远，员工也自然愿意留在企业获得更多的成长与进步。企业文化理念体系与领导者的价值观念、处事原则等密切相关，所以企业在进行文化建设过程中，应积极剖析领导者的典型事例，推出内部领导模范人物，鼓励全体员工一同学习典型，以促进员工对企业价值观的理解与践行。除此之外，企业还要积极为普通员工提供参加企业文化活动的机会，让其通过亲身体验来增强对企业文化的认同，并将这种认同转化为日常工作中的自觉行为。

8.1.4 让员工认同企业文化的措施

（1）让员工参与企业文化建设

① 广泛征求意见。企业的文化理念会受到领导者价值观念与处世原则的影响，但这并不意味着企业文化就是高层文化，它并非领导者的一己之见，而是经过概括提炼后，能够展现整个企业风貌的文化理念体系。企业文化理念体系只有得到员工的普遍认同，才能体现出其价值。

广泛征求意见是使企业文化获得员工认同的关键一环。若想建立良好的企业文化，管理者就应该让每位员工参与到企业文化的构建中来，共商共议，增强员工的积极性与责任感。企业可以按照自上而下的原则，在各个层面征求员工的建议和反馈，全面收集企业内部的各种声音，形成对原有企业文化的客观认知，继而取其精华、去其糟粕，并注入新的内容，形成新的企业文化。

② 与员工的日常工作相结合。新的文化理念形成后，企业要进行相应的传播与宣传，开始进入导入阶段，使其转化为员工的行动，并落实到员工的实际工作当中。在该阶段，企业一定不要采取强制手段去推广文化理念，而是要从员工的角度出发，帮助其理解企业文化理念，并将文化理念与员工的工作实际相结合，保证员工对企业文化有更深层次的认知。

（2）以身作则，最为关键

① 企业高层的角色。企业高层是企业文化建设的核心角色，他们既是企业文化的塑造者，也是企业文化的践行者。有些企业管理者对于企业文化有一种错误认知，认为企业文化是用来规范和激励员工的，却忽视了自身行为对企业文化建设与推广的重要影响。因此，企业高层既是企业文化的塑造者，也可能成为企业

文化的破坏者。

② 言传身教。一些企业在推广和宣传企业文化时，倾向于开展大型活动，举办大规模的培训及研讨会等，虽然这种方式有时也会奏效，但企业需切记不要让文化的宣传流于形式，而应该在日常的管理中切实推进企业文化的宣传与贯彻。企业的领导者与管理者，一定要立足于自身工作实际，严格要求自己，按照企业文化理念所要求的标准来规范自身的行为与工作作风，从点滴做起，从自身做起。

思科公司内部曾流传过一个故事：有位总部员工看到总裁从很远的街对面一路小跑过来上班，心生疑惑，后来他了解到，总裁见公司门前的车位已停满，便把车停到了街对面，又因有客户在等待，于是小跑到公司楼下。在思科公司，最便利的停车位是供员工使用的，企业高层无权占用。

无独有偶，美国通用电气公司也有类似的例子，在其公司内部，每位员工都被要求随身携带一个价值观卡片，总裁亦是如此，他们需要随时拿出卡片对员工与顾客进行讲解。这是很多企业都无法做到的。

可见，世界一流公司之所以能够冲出重围，脱颖而出，与其领导者在贯彻企业文化理念时能够以身作则有着重要联系。

（3）理念故事化，故事理念化

① 理念故事化。企业的文化理念一般较为抽象，会给员工造成一定程度上的理解障碍。企业领导者可以将这些晦涩难懂的理论通过浅显易懂的寓言和故事进行呈现，让员工可以快速领会文化理念的内涵，获得良好的宣传效果。

蒙牛乳业集团就通过这种理念故事化的方式，将其注重竞争的企业文化进行了生动的诠释。他们以"狮子和羚羊"的故事来说明狮子和羚羊在非洲大草原面临着同样的处境，都要逃避死亡的追逐，都要不断超越自身的极限，这对企业文化的宣传起到了很好的助益。

② 故事理念化。企业文化建设与宣传的一个关键环节便是选树典型，在这一环节，企业一定要以自身的文化理念为首要标准，进行先进模范的评选与宣传，要注重总结先进人物的事迹，将其与企业文化理念相结合，进行宣传报道。这样做的好处在于员工可以明确知晓何为先进，因何先进，以及企业所倡导的文化理念是什么，并以此为目标，努力进步，向榜样看齐，让企业文化变得鲜活可感、

富有生命力。

③ 建设沟通渠道。企业的文化理念若想获得员工的认同，就要让员工对企业文化有深刻的理解，让员工知道什么样的行为模式是符合企业文化、符合企业发展需求的。这需要企业不断拓宽自身文化的宣传渠道，比如创办企业内刊、召开相关会议、举行交流研讨会、定期更新宣传栏等，利用好文化宣传的各种工具，搭建好企业文化沟通的各类平台。

8.2 行为准则的制定流程与方法

8.2.1 员工行为准则的常见形式

随着社会经济的飞速发展，社会生产方式不断变化，社会分工越来越细，生产社会化逐渐成为现代社会生产力的主要特征。为了明确企业员工的角色定位和职责分工，企业需要借助相应的行为准则来构建员工协作关系，划定其职权范围。

行为准则是指用于规范和约束社会群体或个人的社会活动的行为标准，通常包括各类行为规范、道德准则、行政规章、法律规定和团队章程等，大多与人们的需求、好恶、价值观等内容密切相关。行为准则大多具有维护社会秩序的作用，能够对社会成员的行为活动进行引导、规范和约束，为社会成员指明各项应做之事、禁做之事，以及各类事情的处理方式，同时也能够反映出社会价值观，维护社会的和谐稳定。

一般来说，企业在制定员工行为准则时应注意以下几个方面的问题，如图8-4所示。

- **理念核心**：企业应以自身的核心价值观为中心制定员工行为准则。
- **行为底线**：企业应在员工行为准则中设置员工行为底线，并在员工触及行为底线时按照企业规定进行相

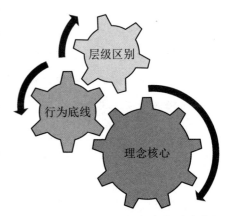

图8-4 企业在制定员工行为准则时需注意的问题

应的处理,如解除劳动合同、追索经济赔偿、报司法机关处理等。
- **层级区别**:企业应针对管理层和基层员工分别制定不同的员工行为准则,与基层员工相比,管理层的员工掌握着更大的权利,应该在行为方面树立典范,同时也要承担更大的责任。

员工行为准则通常以关键词式行为准则、哲理式行为准则、直白表述式行为准则、提倡反对式行为准则或具象场景式行为准则等形式出现,如图8-5所示。

图8-5 员工行为准则的常见形式

(1)关键词式行为准则

关键词式行为准则通常将企业核心价值观和价值观解读看作两个等级维度,并利用关键词对企业核心价值观进行行为描述。下面对某企业的关键词式行为准则进行简单分析,如表8-1所示。

表8-1 关键词式行为准则示例

核心价值观	关键词	行为描述
情怀	志同道合	将企业的使命和个人的事业追求相结合,与公司共同成长;与同事并肩作战、互相信任,工作中能主动交流、互相鼓励、共同进步
	竭尽所能	对企业发展充满信心,并愿意为之不断提升自我,充分调动自己的资源,全力以赴达成使命
	传递美好	乐于奉献,能主动地多做一点,为别人多想一点,主动向客户、向社会传递积极正面的企业文化,为企业树立良好形象;积极参加企业组织的各项文化活动或俱乐部活动
实干	主动担当	主动承担自己的岗位职责,出现问题不推脱、不回避;在团队或与同事的合作中,积极主动提出自己的想法,贡献自己的价值

续表

核心价值观	关键词	行为描述
实干	简单务实	在工作中就事论事，不牵扯复杂的利益关系； 当对工作有质疑、有意见或建议时，敢于直言不讳； 言行一致、用心做事、踏实勤奋
实干	高效落地	将总目标细化为具体目标，并以灵活的方式管理多项任务，且区分任务的主次先后，按规则推进； 主动根据变化更新计划内容，并及时应对意外情况，保质保量或者超出预期地完成任务
创新	聚焦价值	积极思考，并将新知识、新技能融入工作中
创新	开放接纳	敢于提出新想法、好建议，并积极推动其落地执行； 乐于包容接纳他人的建议，并主动反省自身，积极改变
创新	勇于突破	主动地向外界、向同事、向领导学习新知识、新技能，不故步自封、自我局限； 建立前瞻性、批判性思维，突破常规做法、想法，不安于现状、墨守成规
共赢	与员工共赢	乐于共享资源、调动资源，主动跨部门协作、积极沟通
共赢	与客户共赢	以满足客户需求为工作出发点，通过直接接触客户和主动与客户沟通来准确了解客户需求、偏好和动向，为其提供有用的服务和产品、资料、信息，以满足客户的内外部需求； 关注客户的利益、需求、意见和建议，并据此作出相应的调整与决策
共赢	与股东共赢	以经营结果为导向，合理规划并开展工作，主动发现问题、解决问题，对公司的经营发展负责； 遵纪守法，严格遵守底线管理制度，以公司核心利益为工作第一要义，面对有损公司利益的行为能正确有效地制止

（2）哲理式行为准则

哲理式行为准则指的是一种能够以哲理化的形式呈现企业核心价值观的员工行为准则，通常具有一定的思想性，但具体应用较少。下面对某保险公司的哲理式行为准则进行简单分析，如表8-2所示。

表8-2 哲理式行为准则示例

核心价值观	员工行为准则
简单	言行一致； 把简单留给客户，把难题留给自己； 报喜更要报忧

续表

核心价值观	员工行为准则
快速	有议有决有行动； 为过程喝彩，为结果买单
突破	先知先见先行，争第一； 不找借口，只找方法； 敢担当，敢决断，不留退路，才有出路
共赢	时常灵魂拷问："我为客户赢了什么？"； 对自己比对别人狠； 职责有分工，心态无边界

（3）直白表述式行为准则

直白表述式行为准则指的是一种能够直接表现企业价值观的员工行为准则，其表现形式通常为工作要求和做法。下面对某集团员工、管理者的直白表述式行为准则进行简单分析，如表8-3所示。

表8-3 直白表述式行为准则示例

价值观	员工行为准则	管理者行为准则
客户为本	第一时间响应客户需求并负责到底	注重对自身和团队的服务意识、行为习惯与能力的培养
	不做任何损害客户利益的事情，兑现对客户的每一项承诺	以客户需求为管理决策的依据
	善于发现客户隐性需求，尽己所能不断为客户创造惊喜	把创造客户价值作为衡量业绩的重要标准
共创共享	尽心做好本职工作，敢于对结果负责	公平公正、简单透明，营造良好的管理氛围
	主动沟通协作，及时响应团队需求，注重团队目标达成	关心下属，正确引导，努力为其创造成长的机会与条件
	以公司整体利益为重，追求与公司共同成长	以全局利益为重，当仁不让，积极开展跨部门协作
持续创新	不满足于现状，把每件事做到最好	经常自我批判，不做创新的绊脚石
	立足岗位，不断学习新理论、新技术，为未来做准备	鼓励创新，宽容失败，不做创新的扼杀者
	善于发现问题，不断探索新思路、新方法	持续学习，做创新、变革的发起者

（4）提倡反对式行为准则

提倡反对式行为准则指的是一种根据核心价值观将员工行为划分为倡导行为和反对行为的员工行为准则。下面对某公司的提倡反对式行为准则进行简单分析，如表8-4所示。

表8-4 提倡反对式行为准则示例

核心价值观	员工行为准则	
	倡导	反对
坚持成就客户与员工	将个人职业发展与公司事业相结合，追求与企业共同成长	目光短浅，为了短期利益斤斤计较
	全身心投入岗位工作，以结果为导向，敢对工作结果负责	对待工作敷衍马虎，不愿对结果负责
	精通专业，一专多能，努力成为专业能手和工作中的"多面手"	一知半解，拒绝学习成长
	培养良好的团队服务意识与习惯，用"更好的服务"帮客户解决问题	一切无视客户利益的言语和行为
	积极响应团队安排，以良好心态和专业精神认真执行	对团队安排推三阻四、讨价还价或消极执行
	主动沟通协作，对于同事需求，竭尽所能提供帮助	以个人为中心，对于同事需求漠不关心
	以积极的口吻谈论公司、团队和同事，有问题当面交流看法	当面不说，背后乱说
坚持品质，赢得市场	高标准、严要求，在现有条件下力求最佳业绩表现	低标准做事，只求及格
	注重细节，不放过每一个瑕疵和每一次改进的机会	粗枝大叶，得过且过，心存侥幸
坚持创新，引领发展	乐于接受挑战，遇到困难主动想办法解决	遇到困难消极抱怨、推诿逃避
	加强自我学习，努力掌握新知识、新技术，为未来做准备	墨守成规，拒绝新鲜事物
	勇于尝试，不断探索新思路、新方法，提升工作效率	思维僵化，因循守旧，故步自封

（5）具象场景式行为准则

具象场景式行为准则指的是一种能够从企业价值观出发对各个工作场景中的

各项行为进行判断的员工行为准则，通常具有细化程度高、对应性强等特点，但由于企业日常经营中所涉及的工作场景十分复杂多样，因此具象场景式行为准则难以将所有工作场景中的所有行为都包含在内。下面简要介绍国内知名房地产企业的具象场景式行为准则，如表8-5所示。

表8-5 具象场景式行为准则示例

提倡行为	反对行为
1. 逢会必形成决策（除交流、分享会外），该拍板时有人拍板；若无人拍板，职级最高的人拍板 2. 高效决策，决策者或负责人在广泛听取大家意见的基础上，独立作出决定 3. 简单直接，不懂就问，有意见就说，敢于质疑，敢于挑战 4. 决策前善思，多问客户，少找领导 5. 鼓励"小白"与业务"黑带"同台共谋，并让"小白"先讲 6. 勇于"把自己做没"，获取新机会 7. 要结果的同时更要给支持和方法 8. 少说"这样做不行"，多说"怎么做才行" 9. 领导多同理倾听，员工多换位思考 10. 合理授权，让指标承担者做决策 11. 认可员工的地域灵活性，在回报上向通过地域灵活为公司作出了贡献的员工倾斜 12. 多给员工点赞，公开表扬，私下批评 13. 日常工作聚餐时提倡AA制（即使上下级在一起），非工作聚餐级别最高的人付钱 14. 员工随时可在内部论坛上自由发言、匿名发言 15. 即使司龄再长、经验再多也不随意以"老员工"自居	1. 以"集团要求、领导定了、以前这么干、这是职能底线"为托词不作为 2. 顾前不顾后，解决自己问题的同时给别人留坑，未把工作下游当客户 3. 一切形式的官僚主义（如：划地盘、拉山头、刷存在感、滥用权利、强迫喝酒） 4. 总是指出别人的问题，对自己的问题避而不谈 5. 以领导喜好为自己喜好，一味揣摩迎合，不敢提不同意见 6. 以跟自己的亲疏远近，而不是能力评判他人 7. 遇事甩锅，逃避责任，互相推诿 8. 事事喊口号，凡事上纲上线贴标签 9. 前呼后拥、摆领导架子（如经常让下属订外卖、取快递等） 10. 迎来送往、接风洗尘（如地区公司之间、地区公司和集团之间） 11. 低效率加班，领导不下班，下属就不敢下班；把不休年假当作敬业的标志 12. 简单粗暴（简单直接不等于简单粗暴） 13. 领导一言堂 14. 给任何领导设置专职的秘书、助理 15. 领导的办公室大于20平方米，而且是楼层里最好的位置 16. 下级给上级拎包、开车门、扶电梯、点头哈腰、送礼、请吃饭 17. 领导每次出现都带助手，自己只负责"宏观地说"，别人负责"具体地干" 18. 内部开会、聚餐时，按职务高低排座次 19. 领导带着一种"恩赐"的心态批准员工休假，或者百般刁难

8.2.2 员工行为准则的制定流程

员工行为准则是衡量员工日常行为正确与否的参考标准，具有规范和指导员工日常行为的作用，企业的管理者可以借助员工行为准则来推进各项日常管理工作，同时企业也可以借助员工行为准则来落实各项企业文化建设工作。

就目前来看，大部分企业都已经拟定了或正在拟定员工行为准则，但各个企业所制定的员工行为准则通常只适用于自身实际情况，且不具备统一标准，因此各个企业的员工行为准则在内容和形式上均存在许多不同之处。为了拟定出优秀的员工行为准则，企业需要充分落实以下三项工作。

（1）成立项目小组，开展重点调查

企业应组建负责拟定员工行为准则的工作小组和领导小组，并确定两个小组的工作职责和工作内容。具体来说，工作小组主要由企业员工组成，负责员工行为准则的梳理和拟定工作；领导小组主要由企业管理层人员组成，负责支持工作小组的各项工作，并审定工作小组所提交的员工行为准则。

组建好的项目小组需要从调查方案出发，利用访谈、问卷调查等方式对各级员工的日常行为进行调查研究，同时掌握管理层人员在工作行为方面的好恶，并了解其在管理和工作过程中遇到的各类问题。在完成调查工作后，还需整合各项调查资料，并对这些资料进行统计和分析。

（2）召开共识研讨会，形成行为准则初稿

在完成调查工作后，企业可以召开员工行为准则共识研讨会，在会上对管理者和员工的行为准则进行集中讨论，借助会议让各个中高层管理者就员工行为准则的制定问题达成共识，从而最大限度提高员工行为准则的制定效率。对一些难以组织所有中高层管理者参与研讨会的企业来说，可以按层级召开多次研讨会，分别了解普通员工、中层管理者和高层管理者对员工行为准则的想法，并在此基础上组织各个高层管理者参与的员工行为准则共识研讨会，在会上对之前各次研讨会的内容进行整理、总结和梳理，最后据此拟定管理者和员工行为准则初稿。

企业在召开员工行为准则共识研讨会时应注意以下几个问题。

- 研讨会应以企业的核心价值观为中心，分别探讨管理者和员工的行为准则内容。

- 要提高管理层人员对研讨会的参与度，特别是企业的最高领导人，应全程参与研讨会，并将自己的管理思想融入员工行为准则当中，同时带领其他管理者积极参与员工行为准则的制定工作。
- 企业应灵活应用"六项思考帽"[1]等思考工具，让参与研讨会的每个人都可以分享自己的想法，以提高研讨效率，降低时间成本。

（3）让所有员工都能参与到行为准则的拟定过程中来

除管理层应在员工行为准则的相关问题上达成共识外，企业还应从自身实际情况出发，广泛收集所有员工或部分重点员工对员工行为准则的意见和建议，全方位了解各级员工的想法。企业组建的内部项目小组既要综合考虑研讨会参与人员提出的各项意见和建议，并据此对初步拟定的员工行为准则进行优化调整，也要采取相应的激励措施，在物质或精神上给予那些积极参与意见征集的员工奖励，尤其是要给予那些提出宝贵建议的员工奖励。

8.2.3 员工行为准则的制定方法

员工行为准则是企业发展过程中不可或缺的制度保障，企业应充分认识到员工行为准则的重要性，并针对自身实际情况构建完善、科学、系统、严密的行为规范体系，以便提高员工行为的规范性和各项工作的有序性，进而实现高效管理，打造良好的企业文化氛围。

（1）员工行为准则的制定方法

一般来说，企业可以采用系统演绎法或重点归纳法等方法制定员工行为准则，如图8-6所示。

① 系统演绎法。系统演绎法可以充分发挥员工行为准则对员工行为的指导作用，并根据企业的核心价值观对典型工作场景中的员工日常行为进行演绎。具体来说，采用系统演绎法制定的员工行为准则能够通过规范员工行为的方式将较为抽象的价值观具象化，通常具有较强的具体性和可操作性，能够从企业的核心价值观出发，对员工的日常行为进行指导。

② 重点归纳法。重点归纳法可以针对企业的最终目的对员工行为进行重点归

---

[1] 六项思考帽："创新思维学之父"爱德华·德·博诺（Edward de Bono）博士开发的一种思维训练模式，是一个全面思考问题的模型。

纳和重点规范。具体来说，企业制定和施行员工行为准则的直接目的是消除企业内的不良习气和行为，而最终目的是规范员工行为。

图 8-6　员工行为准则的制定方法

综上所述，系统演绎法具有具体性、可操作性等特点，能够帮助企业有效规范员工行为，但同时也存在内容繁多、重点模糊不清等不足之处；重点归纳法具有针对性强的特点，适合中短期使用，但同时也存在系统性较弱、修改频繁等不足之处。

（2）员工行为准则应与具体岗位相匹配

员工行为准则应与企业中的各个岗位相匹配，并体现出各个岗位的文化价值理念。对此，企业应先明确各个具体岗位的文化理念要素，再厘清各项业务的具体流程，了解各个具体岗位的关键价值活动，以便进一步制定员工行为准则。

从实际操作上来看，企业可以根据岗位任务和工作要求来得出不同岗位对员工的行为要求，再将这些内容融入调查问卷当中，并通过问卷调查的方式广泛采集各个岗位的行为数据，以便对这些数据进行全方位分析。同时，企业需要掌握各项行为要求的落地情况，收集相关案例信息，调查员工对文化价值理念和工作岗位关系的认知情况。企业在获取员工行为数据的过程中，还可以利用行为事件访谈法来完成数据采集工作，并对采集到的各项数据进行整合和分析，从中归纳出与各个具体岗位相对应的员工行为准则。不仅如此，企业也可以建立由领导层、咨询机构顾问、岗位负责人、行为准则推广人员等多方人员组成的专题讨论小组，定期研讨各个具体岗位的行为要求等事项，确保能够正确理解和精准提炼岗位行为要求，进而达到提高问卷调查和事件访谈的有效性的目的。

企业完成数据采集工作后还需要解码各项调研信息，通过信息解码的方式找出同一类型工作场景所反映出的各项关键行为要求，也可以提高对一些重要事件的关注度，并从中挖掘出各项相关行为要求信息。与此同时，企业也要建立针对各个具体岗位的员工行为指引保障机制，以便确保员工行为准则的科学性和有效性。

在制定员工行为准则的过程中，企业要加大对相关保障机制的关注度，明确划分各个相关单位和员工的责任，提高管理的科学性和有序性，这样不仅能确保员工行为准则与具体岗位相符，还能让企业的价值理念融入所有的业务线和岗位当中，体现在所有员工的日常行为当中。

8.2.4 如何做好员工行为管理？

员工行为管理是企业管理的重要组成部分，良好的员工行为能够为企业的发展提供助力，而不良的员工行为则会产生消极作用，不利于企业的生存和发展。对企业来说，做好员工行为管理有助于规范员工行为，促进自身发展。

员工行为管理工作的目标主要有以下三点。

- 制定清晰的员工行为要求，并为员工提供相应的指引，及时对部分典型外显行为进行反馈，从而让各级员工形成良好且稳定的行为习惯。
- 根据员工行为的实际观察情况和反馈结果，进行员工能力开发，消除员工的懈怠、懒惰等消极情绪，防止其出现不利于工作的负面行为，帮助员工进行持续性的自我提升。
- 基于对员工行为的实际观察情况和评价结果，对员工的内在心智和工作态度进行衡量，并据此优化人员配置和员工激励方案。

一般来说，员工行为管理主要涉及典型行为管理和日常行为管理两项内容，如图8-7所示。

图 8-7　员工行为管理的类别

（1）典型行为管理

典型行为管理指一系列能够对内和对外明确企业文化导向的管理工作，企业可以通过典型行为管理来调查处理各项涉及企业文化理念的正向事件和负向事件。

- **典型正向行为**：在企业文化的一般要求以外对企业产生积极影响的行为，如创造经济收益、获得正向评价等。
- **典型负向行为**：因违反企业文化的要求对企业造成负面影响的行为，如给企业造成经济损失、带来负向评价等。

具体来说，典型行为管理的整个过程大致可分为以下三个环节。

① 调查事件。企业采集各项相关信息，并借助查阅资料和员工访谈等手段来调查、核实和分析这些信息中所涉及的事件，从而在此基础上生成典型行为调查报告。在调查事件的过程中，企业需要了解整个事件的全过程，确保事件处理的准确性，防止造成不良影响。

② 公开奖惩。企业要提高员工管理的公开性（保密内容和个人隐私除外），为事件相关人员和各级员工全方位了解事件的整个过程和结果提供方便。

③ 解读澄清。企业可以通过在内刊、论坛等平台上发布文章等方式对典型事件进行澄清，文章中应清晰表述事件全貌，条理清楚地公开事件的起因、经过、结果，以及企业的处理理由和处理结果等内容。不仅如此，企业也要通过以下几种渠道对典型事件进行监控。

- **业务走访**：企业可以安排工作人员定期进行业务走访，从而广泛采集各个业务部门的员工意见和建议，以深入了解企业文化的落地情况，充分掌握员工的典型行为信息。
- **业务会议**：企业可以安排工作人员到各个业务部门的例会上采集员工的

典型行为信息。

- **文化评估**：企业可以利用调查问卷获取各个部门的信息，并通过对问卷中信息的分析来掌握各个部门的文化氛围和员工行为信息，进而找出各部门员工的典型行为信息。
- **文化信箱**：企业可以利用文化信箱接收员工来信，并从中获取员工的相关意见和建议及典型行为信息。
- **业务数据分析**：企业可以通过分析业务数据的方式找出业务中存在的问题，并向相关工作人员问询，了解产生该问题的原因。

（2）日常行为管理

日常行为管理的内容主要涉及着装、礼仪、沟通、会议等日常工作行为和生活行为。对企业来说，要先制定《员工日常行为规范》，再据此推进日常行为管理工作。文化管理具有长期性、持续性和烦琐性等特点，企业可以通过日常行为管理对员工进行持续提醒和长期引导，不断纠正员工的不良习惯，提高员工的职业素养。

① 过程检查。企业要组建日常行为检查小组，安排该小组以月为单位定期检查员工日常行为，并针对检查结果对检查频次进行合理调整，同时找出企业中行为习惯较差的部门，并将其作为未来一段时间内的重点检查对象。

从实际操作上来看，检查小组成员在开展员工行为检查工作时需要佩戴检查证，以便在发现员工违反《员工日常行为规范》时向其出示检查证，并在该员工已知自己身份的基础上向其陈述所违反的具体规则及处理方式等内容，引导员工在日常工作和生活中按《员工日常行为规范》的要求行事。

员工，可以对检查小组的判定结果提出异议，并给出相应的免罚理由，部门工作人员可以将这一情况反馈给企业文化专职部门，企业文化专职部门则根据反馈信息和实际情况重新判断员工行为是否存在违规。

② 处理办法。对于已被检查小组判定违规且无正当申诉理由的员工，企业文化专职部门会公示对其的处理，并对违规员工所属部门进行记录，企业在对各个部门的文化管理效果进行评估时，这些违规记录都会成为十分重要的评估依据。在员工出现违规问题后，各部门要从企业文化管理需求出发，对违规员工进行批评教育和处罚，并向部门内的其他员工公开阐明处罚原因。

第 9 章

企业文化
与数字化转型

9.1 数字化企业文化的特征与内涵

9.1.1 数字化文化：赋能企业数字化转型

在企业数字化转型的过程中，企业文化也需要不断进行调整和重构。数字化转型包含企业多个领域的改革，其中最具有挑战性、最为困难的正是企业文化的改革。波士顿咨询集团（BCG）的一项调研显示，重视文化改革的企业，能有九成以上的转型成功率；而忽视文化改革的企业，转型成功率不足两成。

数字化文化的建立是企业数字化转型的基础。数字化转型只有依托于数字化文化，才能将变革观念深入人心。数字化转型改变了企业的生产结构和经营方式，也在一定程度上影响了企业的文化体系和价值观。在这一过程中组织成员的观点意识和行为逻辑都发生了巨大变化，可能出现员工思维方式与企业文化脱节的现象，所以必须对传统的企业文化进行变革。如果企业文化没有适时进行改变，企业的数字化转型就不是真正意义上的成功。

打造数字化文化能够提升组织成员的信息意识与数字观念，提供适应企业数字化转型需求的行动逻辑和思维架构。数字化文化的培养也将提高企业成员对数字化的理解，使其学习数字化的商业活动方式，真正理解数字化转型的重要性。反过来，缺乏数字化思想的员工很难适应数字化体系下的工作模式，难以与其他成员进行高效交流、协同不同部门间的工作，还可能畏惧退缩，无法充分释放工作的动力等。

数字化文化建设是企业数字化转型的坚实后盾，也是引导转型路线的风向标。数字化文化的普及传播能帮助员工克服心理上的障碍，帮助其打破固有的观念，从而最大程度助力企业的改革与发展。如果不进行数字化文化建设，企业文化就会陷入落后、保守的泥潭之中，无法为企业带来创新的环境，数字化的工作模式必然无法被员工适应，整体的数字化转型就会面临失败的风险。

（1）数字化转型与企业文化的关系

数字化转型是企业发展的必然趋势，其主要以数字技术为抓手，帮助企业完成内部各项业务的转型与升级。企业的数字化转型会对企业文化造成多方面影响，企业需要与客户、供应商及合作伙伴之间加强协作，一同推进转型进程；还要加快改革创新，积极迅速地应对市场变化；更要包容不同的思维方式、价值观念与文化理念，努力适应数字化时代带来的各种变化。企业要在数字化转型过程中不断加强自身的综合实力，努力在数字化的浪潮中迎来发展的"加速度"。

企业文化对企业的数字化转型也发挥着重要作用。作为企业的灵魂，企业文化可以激发员工的工作热情，使其迸发出工作的潜力与创新力，不断推进企业改革创新、向前发展。在数字化转型中，企业要建立自身的数字化文化，倡导数字化价值观，培养员工的数字化思维，提高员工的数字化素养，进一步提升自身的竞争优势，为企业数字化转型提供文化支撑。

（2）数字化时代下企业文化的特点

在数字化时代，企业文化主要呈现出以下特点，如图9-1所示。

① 开放性、协作性。数字化时代的到来，促使企业不得不加强与客户、供应商及外部合作伙伴间的交流与合作，与各方携手推进数字化转型。在这种环境下，企业需要倡导开放性、协作性的企业文化，以激励全体员工积极展开对外交流、促成合作。

图9-1 数字化时代下企业文化的特点

② 创新性、敏捷性。数字化时代下，市场正经历新一轮的变革，企业要通过不断的改革创新来应对市场的快速变化，在数字化时代中打造自身的核心竞争优势。基于此，企业要构建具有创新性、敏捷性的企业文化，调动高层、中层和基层的积极性，鼓励其在工作实践中不断进行探索与创新。

③ 多元化、包容性。数字经济时代讲求的是高质量发展，而多元化、包容性是高质量发展的必然要求。企业的发展也应遵循这一要求，只有接纳不同的思维方式、价值观念和文化理念，才能够更好地在数字化时代前行。所以，企业要秉持多元化、包容性的企业文化，尊重员工、客户等各方的文化差异，以更加多元、包容的姿态来开展、促成和各方的交流与合作。

9.1.2 数据思维：数据决策与数据共享

数字化文化没有统一的流程规划和业务标准，不同企业环境下建立的文化氛围也有所不同。我们可以参考一些国内外知名企业的数字化转型中的企业文化案例，从它们的转型方案中总结出一些建设企业文化的共同之处，如表9-1所示。

表9-1 国内外知名企业数字化转型中的企业文化

企业	数字化转型中的企业文化
美的	去中心化、平等、用户思维
GE（通用电器）	敏捷、试错、迭代
德邦	数据文化
施耐德	包容赋能、创新试错、鼓励学习
宝洁	鼓励数字化创新
伊利	创新、包容、开放、学习
长虹	以用户为中心的数字思维和文化
微软	同理心、协同、以客户为导向、多元和包容、灵活动态
Adobe（奥多比）	数据化、开放和创新、敏捷
招商银行	开放、融合、平视、包容、敏捷、鼓励创新、容忍试错

纵观以上案例，我们不难发现，企业的数字化文化往往包括以下六个关键点，分别是数据思维、用户共创、协同共赢、持续学习、创新容错、敏捷文化，如图9-2所示。

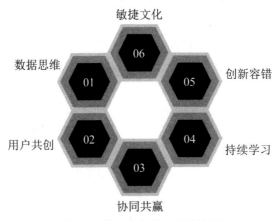

图9-2 数字化企业文化的特征

数据是组成互联网海量信息的基础单元，数据还决定着信息的来源和流向，改造了人们对世界的认识。可以说，谁掌握了数据，谁就掌握了一切。在企业的数字化转型中，必须强调数据在数字化体系中的核心地位，培养数据思维是建立数字化文化的基础。每个正在或者将要进行数字化转型的企业都应培育员工的数据思维，重塑员工对数据含义的认识。

具体来说，数据思维主要包括数据决策思维、数据共享思维。

（1）数据决策思维

数据决策思维是新时代量化决策思想的产物，通过数据信息而不是经验来回答问题、做出决策。以数据为指导，进行人事管理、决策分析，并使用先进的人工智能工具来进行数据挖掘等数据拓展工作，最终达到科学决策和优化管理的目的。数据决策思维是管理科学和数字信息技术融合发展的产物，符合事物发展的具体规律，更加先进，也更适应数据爆炸的当代环境。

现在，大部分企业还没有改变自己的思想观念，作决策时仍然以个人经验为主，不通过数据分析市场动向，没有强化数据辅助决策的思维，导致企业自身的管理驾驶舱系统不被重用、形同虚设，经营分析系统也没有发挥作用。因此，企业内部需要开展自上而下的思想改革，决策者自身首先要转变思想，相信数据的价值和真实性，提高数据决策能力。具体来说，企业需要建设群体参与的数字化文化氛围，确定数据治理的边界和数据资产的管理模式，明确调用数据的流程，提高员工的参与积极性和数据处理能力，让企业员工能自发自觉地使用数据技术解决业务问题，将数据思维融入日常的工作生活中，让数据为公司发展插上翅膀，打造科学规范的决策环境。

（2）数据共享思维

数字化转型需要多部门、多维度的协同合作，需要破除一切数据和制度的藩篱，让数据要素在各部门之间自由流通，打破上下游系统的屏障，实现整体结构上的数据汇总。开放共享是互联网的核心观念，也是创造价值的动力源泉，构建开放共享的数据文化是数字化转型改革的核心。

企业的组织架构改革是一项长期而困难的工程，传统企业架构下的各个部门之间大多各自为战，不进行其他领域的事务交流，不同组织的利益分配和激励制度也各不相同。因此，为了培养员工的数据共享思维，企业需要采取以下措施。

① 扩大公司内部对数据共享思维的认同，营造共享互联的企业氛围，推动不同部门、不同等级间的数据共享，消除其业务上的盲点、断点，尽可能地发挥数据的价值。

② 搭建数据共享平台，构建数据共享机制，推动不同来源、不同类型的数据融合，打破孤立的部门思维，建立数字化转型的制度基石。

③ 推进公司内外部的改革，在企业内部主张破除壁垒，多方交互合作；在企业外部积极联系利益相关方，推动高层次、跨行业的合作运营，与相关合作伙伴建立更加紧密的联系，增强企业整体的数据透明度和共享度。

美的在数字化转型中强化了数据文化的培养，采取了一套关联度高、操作性强的举措。第一，简化数据定义，宣传信息价值，让每位员工都能认识到数据思维的重要性；第二，统一数据传输流程和激励机制，防止部门之间进行数据流动时出现标准差异的问题；第三，改变运营指标量化方式，进行多角度的业绩考核工作，鼓励正当竞争；第四，促进企业内信息可视化，所有信息都能在多种终端上进行输出，方便员工查看和共享；第五，全力开发大数据系统，探索海量数据中的内部规律，找到潜在的市场风口，优化数据流动过程，实现数据闭环。

9.1.3 用户共创：重新定义企业与用户

数字化转型成功的企业往往重新定义了企业和用户之间的关系，在强调以用户为中心、用户至上的基础上增添了用户协助、用户共创的内容。

传统的企业文化一直把以用户为中心奉为圭臬，这也是许多企业的核心文化之一。数字化转型使企业能够重新审视自身与用户的关系。传统的用户至上理念要求企业单方面地听从用户需求，使得企业的地位较低。而数字化转型给企业提供了一套能深层次挖掘用户需求和实现平等互利的新型用户至上观念，使得用户可以积极自由地与企业进行个性化需求和细节管理等方面的交流沟通，起到了价值共享、互利互惠的作用。

数字化转型下的用户共创文化不仅增强了企业的话语权，更提高了用户满意度及企业效益。因此，在数字化组织文化的构建过程中，企业也应重构与用户之间的关系，创建用户共创的氛围。

华为以"把数字世界带入华为，实现与客户做生意简单高效，内部运营敏捷，率先实现 ROADS[1] 体验，成为行业标杆"为企业数字化转型的愿景。为此，华为认真研究了数字化转型和业务之间的新型关系，让业务和技术成为驱动发展的两驾马车，让业务回归它的根本属性，与技术协力为用户创造出更多的价值。

华为数字化转型模型是由两条线交织出来的 V 字图形。其中一条线是以客户为中心的 CBA（Customer-Business-Architecture，客户业务架构），主要为业务回归进行整体架构方面的牵引；另一条线着重于将深层新型技术应用于企业的业务流程之中，称为 ABC（AI+Big Data+Cloud，人工智能+大数据+云计算）。

9.1.4　协同共赢：实现跨部门高效协作

传统的企业内部不同部门之间容易存在信息壁垒，这不仅会严重阻碍企业的正常运行，也会加大企业进行数字化转型的困难。数字化转型是企业层面的整体变革，涉及运营流程中的每个环节、每个部门，要求企业的每个业务组件能够开放沟通、协作互助。而成功的数字化转型依赖于不同部门、不同职能乃至不同组织之间的信息共享和协力奋斗。

企业应打通部门与部门之间的交流隔阂，消除内部的信息孤岛。为此，企业可以进行整体性的企业组织改革，提升信息的流动效率，增强交互操作，形成从基层操作人员到上层决策者共有的信息交流氛围；可以调整绩效考察方式，提倡各部门之间协同工作；还可以通过使用云端工作等方式加强部门之间的联系，增加云端的信息和数据存量，消除不同部门之间交流合作的空间限制，在长期的合作中培养出协作共赢的企业文化。

文化变革是微软数字化转型工作的第一步。微软一开始就把自己定义为一个向其他企业提供软件服务的企业，当时其内部各部门之间各自为战，重视个人的业绩，只有少数员工才能获得晋升机会，这使得微软内部掀起了内斗敌视的不正之风。

为适应时代的发展和改革企业文化氛围，微软决心启动数字化转型，提倡工程项目的多部门合作，在工作中培养集体协作创新的能力。为达成目标，微软推出了一系列跨部门活动来强化内部合作观念，如"黑客马拉松"项目，鼓励不同

---

[1] ROADS 即 Real-time（实时）、On-demand（按需使用）、All online（全在线）、DIY（自定义）、Social（社交分享）。

部门和领域的员工组队参加，进行协同创新工作；微软还开发了许多协作软件工具，如OneDrive云存储、Cortana语音助手等，它们不仅促进了微软内部的沟通合作，也帮助其他企业进行跨部门交流。

通过一系列打造协作文化的活动，微软成功消除了原来"各自为政"的内部氛围，创建了更具整体效益的合作包容的工作环境，也为数字化时代的企业转型奠定了基础。

除内部的沟通协作外，企业还需提倡外部合作，培养开放融合的互联思维，与客户等利益相关方和产业链上下游企业等达成友好互利的关系，形成价值共创的局面，打造行业内开放共赢的氛围。企业可以鼓励员工关注社会、向外发展，积极同合作伙伴建立密切的联系，使用数字化方案解决问题，从而提高企业跨领域、跨产业的合作能力，构建广泛合作的企业生态。

9.1.5 持续学习：构建学习型组织文化

美国麻省理工学院（MIT）斯隆管理学院教授彼得·圣吉（Peter Senge）最先在《第五项修炼》中提出了学习型组织的概念。随着现代社会及科技的飞速发展，越来越多的企业发现了持续学习的重要性，着手打造学习型组织，塑造学习型文化。持续学习理念是数字化转型中的重要推力，能够营造企业内部的学习氛围，激发从基层员工到管理层的学习热情，增强企业的数字化知识储备，强化企业的数字化能力。企业只有持续学习，打造学习型组织，才能确保数字化战略在企业中平稳落地，并最大程度地发挥数字化的功能效益。

企业的领导者会对数字化转型产生巨大的影响。一个擅长持续学习的领导者能够把握行业发展趋势，研究原生态的数字化管理环境，并以身作则地进行数字化理论的学习，带动全体成员对数字化转型进行钻研，建设出适应数字化时代的新型企业。

以三一重工董事长梁稳根为例，他极为重视数字化转型的理论学习，不仅自己每天都会抽时间学习相关内容，还将自己认为好的文章和书籍分享到决策团队之中，要求每个团队成员都必须撰写自己的心得和日记，并脱稿发表演讲，最后由梁稳根依据内容进行排名。

在每周例行的高管午餐会中，企业会组织三十名高管回顾总结数字化转型过程中遇到的困难和问题；在周六的会议上，企业会组织八十多位高管继续讨论数字化转型问题，交流管理意见；在每月的例会中，企业还会组织更多部门的管理者各抒己见，商讨推进数字化转型的策略。

企业在数字化转型过程中应建立范围广、易访问的内部学习平台，提供与数字化工作紧密联系的操作工具，营造持续学习、终身学习的氛围，提高全体员工对数字化的认识和理解，激发员工的学习积极性，使他们自发地进行相关知识的学习。数字化时代对企业和个人都提出了要求，在企业进行数字化转型的同时，个体也需要更新知识储备、增强数字意识，实现企业和个人共同进步，从个人的数字化转变出发推动整体的数字化转型。

微软在数字化转型过程中要求全体员工（包括销售团队、秘书等非技术人员）进行技术认证，目的就是培育企业内的研究氛围和学习文化。微软搭建了自己的学习平台，鼓励全体成员进行学习，把自己打造成更适合时代发展的人才。

美国通用电气公司将编程思想和信息理念融入企业文化之中，明确要求每名新入职员工都必须掌握编程能力，尽管并不是每个员工的工作岗位都与编程工作相关，但编程是数字化建设的基础，是解读网络发展、洞察时代足迹的必要技能，所以通用电气全体员工都必须掌握并理解编程的真谛。通用电气公司还创新建立了精益创新体系（Fast Work），提高了财务人员的数字化技术水平，加强了企业的数字化行动逻辑。

9.1.6 创新容错：激活组织的创新优势

根据北大光华管理学院数字产业创新研究中心发布的《2020年中国数字企业白皮书》，创新文化的缺失正成为企业数字化转型过程中的巨大阻碍。每个企业的内部结构不同，行业定位不同，文化氛围和经济境遇也各不相同，因此数字化转型没有一个通用的方法，企业必须综合多个维度的因素来构建自己的数字化转型方案。

数字化转型与前沿科技密切相关，对企业的科技发展、技术创新能力均提出了要求。数字化转型的目的不是一时的利润增加和结构优化，而是打破企业所处环境的桎梏，开拓全新的发展空间，因此，在企业数字化转型的过程中，需要营造鼓励冒险、创新的文化氛围。

创新的过程往往不会是一帆风顺的，会伴随着风险甚至是失败。企业在创新过程中可能会面临利益的损失，这就要求企业提高对错误和失败的接受能力。数字化转型是一项持续的、长期性的工作，进行数字化转型的企业也需要具备试错的能力，因为数字化转型的过程充满着不确定的因素，可能会因为环境的不同而导致不同的结果。所以，进行数字化转型的企业必须有接受失败的觉悟，企业内部也需要有容忍错误的文化氛围。企业要将创新冒险的精神灌输到每个成员的心中，以长远发展为主，不断进行尝试和改变。

在数字化转型过程中，招商银行建立了一套激励创新和容忍试错的机制。招商银行总部自2017年开始设立金融科技创新项目基金，并鼓励下属业务部门积极申请，以推动科技创新项目的落地实施和全面普及，实现传统业务模式的改革创新。

招商银行近年来持续增加科技创新领域的投入，从2020年开始把金融科技创新项目基金预算比例从全行上年度营业收入的1%提升至1.5%。同时也提高了软件系统建设领域的试错阈值，允许适当的冗余投资和人力管理，为项目失败的情况提供保障。

数字化转型的机遇稍纵即逝，面对机会风口，企业必须快速行动。在数字化企业文化的构建过程中，企业需要引入多目标、多方案的组合分析系统，根据目标规模和条件约束得到当前环境下的最优解。同时企业也要容忍探索过程中的错误和失败。

9.1.7 敏捷文化：快速适应市场的变化

数字化时代的最大特征就是环境变化的迅速性和不确定性。敏捷文化能帮助成员迅速调整状态适应变化，提高求知探索的欲望，适应高速变化的市场，培养工作方式和战略企划的快速迭代更新，达到适应企业发展的目标。

敏捷文化往往应用于产品的快速投放和落地运营上，一般会采取边测试边迭代的运营方式。传统的开发方式只专注于既定的项目，被动等待市场风口的出现，因此很容易错过发展的机遇。而企业在数字化转型过程中，往往会提高市场反馈在产品调研中的占比，用市场销售情况来为产品效益背书，在销售过程中不断跟进测试和调研，分析客户数据、了解市场需求，从而不断改进现有产品或发行新产品。

深植数字技术多年的小米公司成功融合了云端共享、大数据分析和人工智能等多项技术，完成了线上销售和线下运营的有机结合，开创了小米式新型零售商业模式，打造了全球化数字信息服务体系架构。

敏捷、数字驱动和开放，是小米公司总结出的数字化文化的三个重要方向。在内部的敏捷化文化建设中，小米整合规划全球资源与物流信息，建立快速的分布式服务，让"米粉"能够快捷便利地享受到小米的新零售体验和科技服务，还可以通过小米终端体验到信息科技加持下的智能家居服务。

数字化文化是企业数字化转型的根基，其重视数据和信息的价值，把数据思维、用户共创、协同共赢、持续学习、创新容错、敏捷文化当作战略基石。数字化文化的建设，能潜移默化地改变员工的思维认知和行动逻辑，激励员工自觉、积极地投入数字化建设中去。目前许多企业严重缺乏塑造数字化文化的经验，阻碍了企业数字化转型的步伐，因此更需要正本清源，重新审视数字化文化建设的重要性。

9.2 数字化企业文化的转型与变革

9.2.1 共生型企业文化

在数字化、智能化的时代下，各组织之间的关系从竞争转向了共生，不同于工业时代那种通过竞争来取得胜利的方式，在数智时代，企业需要通过合作来增加竞争优势。当前，合作不仅意味着协同、连接，更代表着融合与共生。在这种背景下，企业所要追求的，绝不仅仅是企业与企业的共生，更是企业与社会、自然的共同发展，共生型企业文化的内涵如图9-3所示。

（1）**企业与企业共生**

当前，很多企业已经清醒地认识到要想取得

图9-3　共生型企业文化的内涵

创新发展，获得竞争优势，就要构建企业之间良好的生态系统，就要由"独行"转变为"众行"。在数智化时代下，企业若想获得更好的发展，要么融入一个生态系统，要么打造一个生态系统。

从互联网到物联网，万物互联的时代已经开启，如海尔集团的电冰箱、洗衣机等逐渐由以往的"电器"定位转为"网器"定位。为满足消费者"一站式""全景式"的购物需求，海尔通过"食联网""衣联网"将冰箱和洗衣机等产品的上下游、各产业环节与行业融为一体，形成相关场景、生态。

在这种情况下，众多企业都会被纳入一个庞大的生态系统之中，以场景取代产品，以生态来覆盖产业，产品与企业品牌会逐渐发展成为场景与生态品牌。

（2）企业与社会共生

企业要转变以往"零和博弈"的思维，要学会用和谐思维来思考和应对不确定环境下的各类竞争。在遇到问题时要从多角度、全方位来进行分析、解决，不要再一味地追求单一的核心能力，而是要努力打造系统性的竞争优势。

企业要清醒地认识到，企业的效益来自社会，也会再回到社会。换个角度理解就是，企业解决的社会问题越多，自身的发展空间就会越大。企业应该改变以往"战胜对手，取得胜利"的竞争逻辑，探索与自身互补者、管理者、用户、生产者、所有者乃至竞争者之间的合作发展，为彼此拓展更大的成长空间，最终达成共赢局面。

（3）企业与自然共生

随着经济社会的快速发展，生态环境问题日益严重，企业创新发展的关键是要做到数字化与绿色化协同发展，运用数字化发展来为绿色化发展赋能，反过来再用绿色化发展来引导数字化升级。企业要始终秉持可持续发展的理念，坚持企业生产经营与自然环境协同发展。

美团"青山计划"强调的就是绿色化发展，呼吁商家与消费者关注外卖行业的环保问题，推动商家与消费者自觉减少塑料制品的使用，增强了人们的环保意识，推进了外卖行业环境问题的有效解决。目前，美团已聚集超过百万的商家一起推进这项环保事业，已有近4亿用户在订外卖时选择"无需餐具"，该计划真正做到了多方共同践行低碳生活。

9.2.2 激励型企业文化

随着人工智能技术的迅速发展,"机器换人"势不可挡,无人超市、无人停车场、无人驾驶等"无人经济"逐渐普及,企业中的员工也可能被现代化的智能设备所取代。在这种情况下,企业若要取得进一步发展,就一定要及时转变企业文化,使之与外界的环境和企业的发展相匹配。激励型企业文化就是数字化时代企业所需的组织文化之一,其内涵如图9-4所示。

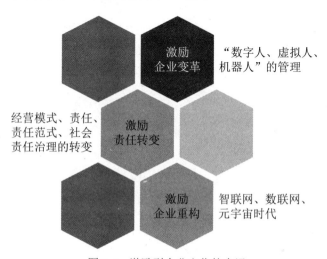

图9-4 激励型企业文化的内涵

(1) 激励企业变革

在人工智能出现以前,企业的生产运营主要是以自然人、真实人为核心的,但近年来随着人工智能技术的发展,数字劳动者、虚拟劳动者纷纷涌现,它们能够帮助企业降本增效,有效提高企业的收益。

在智能算法的驱动下,传统的依靠大量人工完成工作的工作模式逐渐被抛弃,全新的基于智能机器人的研发、生产、制造和营销等工作模式受到众多企业的青睐,智能机器人开始在诸多领域和岗位上取代真实员工,在职场的"五领"(金领、白领、粉领、灰领、蓝领)中,绝大多数岗位都可以被取代。在这种背景下,企业以往的以人为中心的文化理念体系逐步失效,如何管理好这些"数字人、虚拟人、机器人",是企业文化目前所面临的一项重大挑战。

(2) 激励责任转变

在数字化、智能化的时代背景下,企业责任发生了重大转变:

- 首先是经营模式的变化，由以往的传统线下经营模式转向了应用平台商业模式。
- 其次是责任的转变，由以往的经济责任与环境责任延伸为数智化平台下的治理责任和算法责任。
- 再次是责任范式的转变，由个体原子式、线性价值链式、集群联动式转向了生态链式、生态圈式乃至生态群式。
- 最后是企业社会责任治理的转变，由治理社会责任缺失、异化行为转向了治理算法歧视、算法偏见以及社会福利缺失等相关的负面社会问题。

（3）激励企业重构

随着人工智能发展的不断深入，企业将会发生根本性的重构，比如元宇宙时代可以将"去物理化"办公变为现实，员工可以通过"数字人"技术从全球的任意地点进入虚拟的办公室内。从互联网、物联网时代，过渡到智联网、数联网、元宇宙时代，这对企业而言无疑是巨大的变革。元宇宙时代将给企业的各方面带来全新的变化，比如：在空间方面，由物理空间转向虚拟空间，实现"网络换地"；在劳动力方面，由虚拟员工取代真实员工，完成"机器换人"；在资本方面，由资本投入转为数据投入，实现"数据换资"。

9.2.3 用户本位型企业文化

在工业化时代，企业与用户间的交易在企业交付产品给用户的那一刻就结束了。但是在数智时代，情况发生了很大的改变，企业在"用户为王"的理念下将生产主权让渡给了用户，企业交付产品给用户这一环节变成了二者关系的新起点。用户如果高度忠诚于某个产品，就会主动为产品进行宣传，并推荐给周围人使用，帮助企业创造良好口碑，形成品牌社群，有的甚至还会参与产品融资、研发、制作等整个生产与销售过程，同时获取产品的使用价值与体验价值。用户本位型文化的内涵如图9-5所示。

（1）融资来自用户

对于企业而言，融资可以通过多种渠道获得。在数字经济时代，个性化定制蔚然成风，众多企业开始打造"先预售后生产"的销售模式，即为扩大生产规模，降低生产成本，企业会通过收取预售定金或"众筹"等手段来零利息使用大量资金，从而降低产品价格，让利于用户。

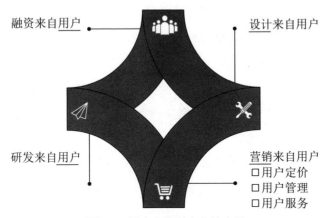

图 9-5　用户本位型文化的内涵

（2）研发来自用户

在数字技术的加持下，企业可以更加高效地设计出高度符合用户需求的产品。这主要得益于两方面：一方面是企业可以通过数字技术及时获取用户数据，从而进行有针对性的设计与研发，譬如，运动品牌可以通过手机上的应用程序来知晓大多数用户的运动时间、运动频率以及生活习惯等数据，由此设计出贴合用户需求的产品；另一方面是企业先与用户进行交流沟通，再进行研发。

在"用户为王"的时代，企业正逐渐将创造的主权转交给用户。企业可以借助数字仿真、虚拟现实等技术来加强与用户之间的互动交流，运用可视化技术对产品进行即时的展示与调整，满足用户的个性化、异质化要求，激发用户创意设计的热情和积极性。

（3）设计来自用户

依托数字技术，用户可以深度参与产品制造的整个过程，企业迎来用户高度主权的时代，实现"产品从用户中来，到用户中去"的愿景。

某潮流品牌通过搭建网上平台，以网店的形式进一步服务用户，用户可以在网上自主选择破洞磨边、添加补丁、铆钉选择、配色改造等一系列个性化设计，真正做到企业与用户共同设计、共创价值。

（4）营销来自用户

企业营销也随着时代的发展不断发生变化，由最初的以产品为中心到以流量为中心,再到现在的以用户为中心。在当下的营销环境中,企业要高度关注产品的用户体验,因为在各类社交媒体、短视频平台上,人人皆可发声,每个用户都能创造新闻价值,发表自己的立场与观点,成为意见领袖。在这种情况下,用户体验与产品口碑变得尤为重要,营销主体也开始从生产者向消费者转移,用户群体拥有了驱动言论方向、打造口碑经济的主动权与影响力。

① 用户定价。与工业时代"厂家定价"的传统模式不同,数智时代下的产品定价权转移到了用户手中。

某家居品牌通过全国零售网络广泛收集用户对其家居产品的功能需求和价格意见,之后通过数字技术平台将这些信息反馈给制造商,制造商按照需求设计产品与制定价格,为用户生产质优价低且符合其需求的产品。

② 用户管理。进入用户主权时代后,企业管理要以用户为中心。与传统的工厂主权、品牌主权以及渠道主权不同,用户主权可以真正做到企业为用户所治。

某国际新能源汽车企业为了加深与用户之间的联系,采用了特殊的管理员模式:初级管理员由普通车主群的群主担任,该类管理员可以在群内为车友答疑解惑,与企业及时交流沟通,举行车友会活动,管理员所提出或收集的意见可以反馈给企业内部的售后部门;中级管理员,即短视频平台上的网红达人等,他们为用户争取优惠或福利;高级管理员,即拥有千万粉丝的头部博主等,这类管理员能够与企业管理层共同探讨企业流程、管理、运营及文化等深层次话题,并提出相关意见或建议。

③ 用户服务。随着数字化、智能化的深入发展,自助服务逐渐兴起,用户可以通过自己操作来完成相关业务的办理。

银行、医院等诸多行业纷纷加入自助服务的行列中。通过网上银行、手机银行,用户可以在没有窗口服务人员帮助的情况下自助办理转账以及借贷等金融业务,且不受时间和地点的限制;通过互联网医院,用户可以随时在网上预约挂号、快速问诊、查询报告等,还可以通过自助服务机自主打印化验单、缴费及开发票等;通过乘机的线上自助服务,旅客可以在身边没有机票售票员、值机人员的情况下,自己办理相关手续,节省时间的同时,也缓解了机场的服务压力。

9.2.4 社会外溢型企业文化

在工业时代，企业与社会之间的连接较为松散，不够紧密；而进入数智化时代，企业与社会相互交融，紧密融合。"新技术群"的出现使社会上的经济活动相互联通，也使得各种社会关系日益紧密。基于这样的社会背景，企业应践行社会外溢型文化，其价值创新与消费创造都应该以整体价值最大化为基本前提，充分关注社会，并以社会的视角进行企业的经营，高维度、大范围、深层次地谋划企业发展，促进企业更好、更快地发展。社会外溢型文化的内涵如图9-6所示。

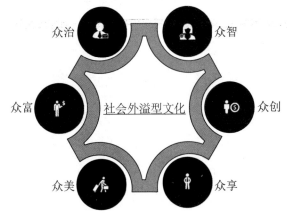

图9-6 社会外溢型文化的内涵

（1）众智

企业可以在网络平台上发布自身在研发、制造及营销等环节遇到的各种难题，吸引全球各地区的尖端技术人员共同解决，实现群策群力。在数字技术平台的支持下，企业所面临的技术、管理与经营难题能够得到世界各地高级人才的关注与解决，企业不再孤军奋战，而是能够获得外部力量的帮助与支持。

（2）众创

在数智化时代，企业发展迎来了新模式，即思想众智、资金众筹、业务众包与企业众创。创新创业的主体开始由专业人士转向大众群体，共创价值开始转向众创价值。共享经济得到了快速发展，近年来，共享设备、共享市场、共享空间、共享时间等相继涌现。同时，短视频平台催生了直播电商的新业态，直播带货等主播经济促进了数字经济的发展，每个人都可以打造个人IP，实现流量变现，这不仅推动了创新创业由精英走向大众，也开启了大众创新创业的新时代。

（3）众享

众享理念主要强调的是"发展为了人民、发展依靠人民、发展成果由人民共享"，以人民为中心进行发展，其关键在于整合资源，实现交易成本的最低化。也就是说，要把资源的使用权与所有权分离，并将使用权转移至更多有需要的人身上，重新构建"人"和"物"之间的关系，以"重使用，轻占有"的新型消费观来推动发展。

（4）众治

在数智化时代，企业要学会在多种约束和多重目标下解决问题，这与工业时代企业在单一约束与单个目标下的求解有很大不同。这些约束或目标包括但不限于质量高、成本低、品类多、服务好、速度快、可持续等。这些约束、目标之间相互交织、错综复杂，因此企业要构建系统化的思维与能力，进行系统求解、综合求解，以有效应对各方面的规制。

（5）众富

随着时代的发展，企业履行社会责任与实现共同富裕之间的关系不再是对立的，而是实现了统一。企业要积极承担社会责任，实现有形资产与无形资产间的良性转化，推动企业持续发展与社会共同富裕的相互促进。企业履行社会责任既可以提升自身的商业价值，也可以创造更多的社会价值，做到商业价值和社会价值的统一。此外，企业还要注意利己与利他、成本与资本、公益性与功利性、今日发展与未来发展等的统一性，不断拓宽企业与社会共富的道路。

先进的企业更要积极承担社会责任，在企业高维文化、工匠精神、三大文明的基础上，将企业的精神财富通过物质产品、精神产品以及文化传承等方式全方位地传递给社会，推动实现全体人民物质与精神生活的双重富裕。

（6）众美

企业发展的终极追求是"各美其美，美人之美，美美与共，天下大同"，企业既要注重个体美，也要强调"大同美"，并推动两者之间形成良性循环机制。美学经济实践讲求的是"人的全面发展"与"社会的全面进步"，其更深层的内涵在于实现人与自然间的高度共情，形成人与自然和谐共存的生态价值美学；实现人与社会的合作，形成多方共赢的社会价值美学；实现人与自身的结合，形成身心合一的人文价值美学。未来，将美学元素、美学思维、美学理念等融入人类生活各方面是大势所趋,是美学经济发展的必然结果。

9.3 构建数字化文化的实践路径

9.3.1 构建高效的数字化领导力

"企业文化理论之父"埃德加·沙因(Edgar H.Schen)认为,企业的领导者是企业文化的创建者、管理者,其唯一真正重要的事情便是创建与管理文化,领导者如果不能管理好企业文化,就会变成文化的牺牲品。

企业在进行数字化转型的过程中,领导者一定要塑造好企业的数字文化,成为数字文化的首要推动力。对于传统企业来说更是如此,若想重塑企业文化,领导者一定要躬身入局、身体力行、扎实推进。但在实际工作中,很多企业的领导者很难做到这一点,或是认识不到其重要性,这样就很难带领企业顺利完成数字化转型。

美的集团在数字化转型的过程中,集团董事长方洪波一直亲自操刀、带头执行,极力打破美的集团原有的企业文化,建设与集团数字化转型相契合的数字文化。以前,美的十分重视层级划分,比如公司的管理层会有专属的用餐空间;转型后,美的消除了这种层级感,营造了一个去中心化的、平等的环境,真正地做到尊重每个个体。不仅如此,方洪波还取消了几乎所有人的个人办公室,以往一些针对管理者的特殊待遇也都被取消。种种举动的信号清晰明确,企业内部真正实现了人人平等,特权阶层不复存在。

在这种平等的环境中,集体决策的机制也应运而生。方洪波在会议上要求与会的每位管理者都要在重要决策事项上表达自己的观点,共同参与决策过程。事业部层面也被要求建立管理委员会以便进行集体决策,避免出现独断专行等情况。与此同时,美的集团的管理也更加透明了,管理者的选拔由小圈子讨论变成竞聘和公示。方洪波自己的办公室还使用了玻璃墙,意在表示办公室随时为任何人开放。

当前,企业纷纷面临如何进行数字化转型的难题。如何提高组织运转的效率、灵活性与应变能力,如何在组织内部建立起不同部门之间高效分工、不同职能之间相互渗透、不同层级之间沟通顺畅的多维协作的机制,是企业在向扁平化管理组织架构转变进程中亟须解决的问题。通过提高组织能力,优化运转流程,从而提高数字化能力,是帮助企业摆脱传统多层封闭管理架构的关键,如图9-7所示。

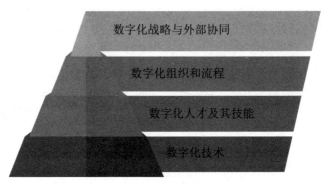

图9-7 决定转型成败的数字化能力

在数字化转型背景下,企业的领导能力随着企业组织管理方面的诸多变革而不断被赋予新的定义。对于领导者来说,只有突破传统思维模式,提高主动性,逐渐加深对数字化赋能技术的理解,主动引入相关知识,才能改变企业管理的被动状态,拥抱变革,寻求颠覆。

另外,对数字化技术的接受和应用能力作为一种企业基因,能够引导企业展现出极强的创新性与应变性,它应被领导者深植于每个员工的行业自觉中。只有具备了这种思维能力的企业员工,才能在面对环境剧烈变化带来的诸多不确定性时,轻松突破惯性思维的桎梏,以百折不挠的开放心态、主动应战的职业习惯、高效迅速的协同能力,将不确定的挑战转变为确定的目标。

以企业发展历程中积累的经验、成就为基础,满足数字化背景中企业战略转型的内需,从而对企业的技术条件、管理方式进行灵活迭代、推陈出新,是培养数字化领导力的关键所在。在构建数字化文化的过程中,企业的领导者要注重人才资源,而非以技术为尊,这是每个卓越的数字化领导者与生俱来的品质。优秀的数字化领导者应保持谦卑与超脱,擅长在模板不能衡量、经验无法预测的未知环境中全面排查隐患,冷静面对风险,时刻明确员工之间的人际关系、情感逻辑,能够预设情境、积极感知,激发每个成员的独特优势,在全新的环境中帮助员工各司其职。可以说,优秀的数字化领导者是组织区域性架构的核心,能够带动整个组织架构，促进企业员工高效协作，使企业在数字化浪潮中脱颖而出。

甚至，优秀的数字化领导者本身就是一个正面信标，能够持续营造激昂奋发的工作氛围，鼓舞士气，勾勒愿景，让员工在积极的工作环境中充分探索自身优势区间，不断发挥自我潜能。

此外，要构建高效的数字化领导力，还需要在企业管理的过程中以优秀企业的领导者为参考，着重提升以下几方面的特质。

- 打破思维定式，在开放与包容的基础上选拔人才、领导团队。
- 纵观全局，审慎思考，力求严谨判断、高效决策。
- 提高团队凝聚力，鼓励成员养成良好的数字化思维。
- 顺应数字化浪潮，积极探索企业数字化转型的关键点，以点带面，突破原有框架。
- 了解团队成员特点，善于引导，激发成员的潜能，促进多元团队的磨合。
- 坚持目标导向，不断探索未知地带。
- 坚持价值导向，积极创造，谋求超越。
- 增强管理团队的应变能力，让企业的管理模式具有更强的灵活性和适应性。
- 通过应用新技术搭建并管理远程团队，实现云端管理，向智能化组织过渡。

9.3.2 清晰而明确的数字化愿景

清晰、明确的数字化愿景是构建数字化文化的重要基石，企业在进行数字化转型之前一定要充分考虑数字化转型的目标，即成为怎样的企业。

宝洁公司就有着明确的数字化愿景，宝洁的前 CEO 麦睿博（Robert A.McDonald）曾提出，要让宝洁"成为世界上拥有最强技术支持的公司，成为首家实现全面数字化的公司"。正是这样的愿景，推动着宝洁的全体员工共同努力学习数字化技能，真正认同企业的数字化价值观。

企业在创建数字化文化的过程中，要重视文化宣传与深入理解的重要性，积极宣传、推广企业的数字化愿景，可以将其提炼成短小精悍的口号或标语来进行普及、宣传，使数字化文化真正在企业中传播、扩散开来，提高企业全体员工对数字化的认知水平，强化员工对企业数字化文化的认同。

作为全球领先的工程机械制造商，三一重工在数字化发展上的目标是在5年内实现"3000亿销售收入，3000名工人，30000名工程技术人员"，将企业由劳动密集型企业转为知识密集型企业。

在三一重工总部，随处都可以看到该企业数字化转型的标语、金句，甚至在卫生间的墙面上都张贴着此类标语。这种将数字化理念融入办公场所的方式，使企业的数字化文化融入每位三一员工的日常工作和生活中，真正做到了无处不在，为三一员工营造了浓厚的数字化氛围，让广大员工在掌握数字化含义的同时，也增强了其对企业数字化转型的认知。

在宣传与贯彻数字化文化的过程中，企业要注意与员工持续交流、反复沟通，这一点是十分关键的。文化的宣传与推广不可只浮于表层，而是要深入基层。因此，企业的管理者需要向员工讲解数字化转型的理念、愿景与使命，告诉他们这样转变的原因和意义，使其认识到企业的数字化转型与自身利益密切相关，提升他们对数字化转型的认知水平。在对话交流的过程中，企业要多关注在转型过程中利益受到影响的员工的态度与情绪，了解其困惑，解决其疑问，为数字化文化的推行筑牢根基。微软、华为等企业在这方面已经积累了一些有效的经验。

微软首席执行官萨提亚·纳德拉（Satya Nadella）在企业的数字化转型过程中，十分注重与员工间的持续交流。他上任以后，每个月都会安排1~2个小时的时间与内部员工进行对话沟通，有时是线上直播，有时是线下答疑，所有基层员工都可以参加这种形式的交流，不设置门槛。

华为也极为重视企业变革过程中的宣传与沟通。华为很早就认识到数字化转型是未来增长的最大风口，于是在内部积极进行管理变革与数字化转型，并成立了专门的数字文化宣传工作组，用来收集、倾听业务部门对数字化工作的建议，记录数字化对公司发展产生的积极影响。从业务流程与客户体验等方面考察数字化的各项成果，加强对变革效果的认同，增强员工与数字化之间的联系。

9.3.3 打造数字化文化配套机制

制度文化是企业文化的关键组成部分，主要包含企业组织结构、管理制度及行为规范等。很多企业在自身的企业文化建设中都会注意到物质、行为和精神三个层面，但常常忽略制度这一层面。

企业若想真正塑造数字化文化就要建立相应的制度和机制，使数字化文化得到发展与固化。深化数字化文化建设，可以将激励、培训等机制作为抓手，进一步使其固化于制。

（1）激励机制：鼓励企业数字化创新

企业要创建开放共享的数字化文化，就需要建立相应的激励机制，对能够践行开放共享理念的部门与员工给予一定的奖励，以此来鼓励其他部门与员工，促进部门间的交流协作。

华为在数字化转型期间就提出要拆掉"部门墙"，注重平台与共享，还为此在企业内部建立了共享奖惩制度：如果团队把优秀的数字化方案传至全球方案共享平台上，得到世界各地员工的支持与评论，就能够得到奖励。在该制度实行前，员工与别人共享方案或采用他人方案的意愿并不高，这项制度的推行不但促进了企业共享氛围的形成，还避免了系统的重复建设。

同样地，企业若要构建创新文化，也需要建立与之相匹配的创新机制。比如建立数字化创新中心，并配备专项财务资金，设立数字化专项奖金池，或构建数字化创新评优体系等，以鼓励各种创新实践。

美的集团曾为了在企业内部营造创新文化氛围，推出了一系列创新机制。2014年，美的集团斥资30亿元建立了全球创新中心，主要负责产品创新和升级，并设立了专项创新基金，构建了孵化器运行机制，以激励全体员工进行创新。与此同时，美的集团还成立了与产业链投资相关的产业并购平台，为新业务与新产业的发展设立了专项投资基金。

（2）培训机制：强化员工的数字化素养

员工的数字化思维和数字化技能对于企业的数字化转型具有重要作用。

知名零售企业天虹在其数字化转型期间就十分注重培养员工的数字化意识，专门聘请各大商学院的教授、讲师来为全体员工讲授了近50节企业数字化转型课程，启发了员工在数字化方面的潜能，在员工中营造了浓厚的数字化文化氛围。

数字建筑平台服务商广联达通也曾举办过类似的活动，他们在公司内部举办了"数字化共学共创"系列活动,积极在企业内部推动数字化转型文化变革和创新实践,动员全体员工学习麦肯锡全球资深董事合伙人的著作《从1到N——企业数字化生存指南》,鼓励员工把数字化理念融入自身与团队的工作中,从而提升所有员工的数字化转型意识,推动数字化转型顺利完成。

9.3.4 提供数字化文化运营体验

数字化转型包括组织、技术、文化等方面的转型。但相较于商业模式、运营流程等层面的数字化转型,企业文化的数字化转型不仅容易被忽视,而且难以取得明显的成效。受疫情影响,一些数字化工作平台,如飞书、企业微信、钉钉等都得到了深入发展。目前,这些数字化工作平台已经完成了功能的拓展、底层逻辑的优化,因此普及数字化平台,开创数字化文化运营的新局面已成为可能。

培养员工对企业的归属感,是数字化文化运营的重要环节。企业应赋予员工价值感,培养其创造力,从而优化员工的工作体验。借助先进的数字技术,企业收集的员工行为信息可以被深度分析,以修正企业文化塑造的策略。这种不断的正反馈最终将形成良性循环,带领企业进入一个以优秀的企业文化为依托的运营长期向好的新时代。

(1)数字化传播和沟通平台

① 资讯中心。宣传企业文化是传达企业行为与价值理念的前提。数字工作平台的应用不仅能够使工作流程转移到线上,同时也带动文化宣传与沟通一并转移。企业可以设立专门的资讯中心,供员工了解企业的动向,加强企业与员工之间的联系。

② 员工社区。数字化平台还应该设立一个员工交流社区,这样不仅能够辅助员工解决冲突、调整工作、加强沟通,也方便组织一些活动来改善员工关系,使组织结构更加紧密、协同工作更加高效。

(2)数字化荣誉体系

搭建数字化荣誉体系,能够将员工的行为纳入规范可视的系统之中,并持续对员工进行反馈,可以在激发员工的动力的同时,向员工传达企业的价值观念。

① 榜样宣传。企业的荣誉体系实际上是企业文化和价值观的重要体现。完善的荣誉体系不仅应该包括优秀员工的评选标准、评选流程等,也应该涵盖员工事

迹学习、榜样宣传等具体形式。

其中，企业所树立的榜样是企业文化的具象体现。宣传榜样的行为，不仅有助于引导员工理解企业文化内容，还能够强化员工的正向行为。因此，在数字化文化运营的过程中，企业可以借助多样的数字化平台进行榜样宣传活动，加深员工对于企业荣誉体系及文化理念的理解。

② 即时激励。员工从正确认识企业价值观到实际贯彻企业价值观，需要一定的执行力作为支撑，并不是有了评价标准就能正确规范员工的行为，还需要即时激励来督促员工的行为。管理者可以在员工的工作过程中通过口头称赞、物质激励等多种方式激励员工，以加强对员工价值观的正向引导。

③ 积分发放。口头称赞属于质化的评价，对正向行为授予积分则属于量化的评价，质化与量化相互结合更有助于构建科学的荣誉体系。数字化平台拥有数据收集、分析的优势，可以将积分明细实时反馈给员工，从而规范员工行为。另外，线上平台更加灵活，不受时间、地点等因素的制约，更有利于价值理念的广泛传播。

在工作进程中，员工因其正确的价值观与行为受到奖励，获得积分，能够给员工带来极强的成就感。因此，通过积分发放来塑造员工的价值观，有利于员工将价值观念转化为具体行动，从而在工作实践中回应企业文化的期许。

参考文献

[1] 陈春花. 企业文化的改造与创新 [J]. 北京大学学报（哲学社会科学版），1999（3）：51-56.

[2] 张颖，郑洪涛. 我国企业内部控制有效性及其影响因素的调查与分析 [J]. 审计研究，2010（1）：75-81.

[3] 王艳，阚铄. 企业文化与并购绩效 [J]. 管理世界，2014（11）：146-157，163.

[4] 陈传明. 企业战略调整的路径依赖特征及其超越 [J]. 管理世界，2002（6）：94-101.

[5] 王竹泉，隋敏. 控制结构＋企业文化：内部控制要素新二元论 [J]. 会计研究，2010（3）：28-35，96.

[6] 吴水澎，陈汉文，邵贤弟. 企业内部控制理论的发展与启示 [J]. 会计研究，2000（5）：2-8.

[7] 靳小翠. 企业文化会影响企业社会责任吗？——来自中国沪市上市公司的经验证据 [J]. 会计研究，2017（2）：56-62，97.

[8] 冯友宣，戴良铁. 影响企业员工离职的原因分析及管理对策 [J]. 商业研究，2005（5）：60-63.

[9] 余伟萍，陈维政，任佩瑜. 中国企业核心竞争力要素实证研究 [J]. 社会科学战线，2003（5）：82-89.

[10] 张钢，陈劲，许庆瑞. 技术、组织与文化的协同创新模式研究 [J]. 科学学研究，1997（2）：56-61，112.

[11] 陈维政,忻蓉,王安逸.企业文化与领导风格的协同性实证研究[J].管理世界,2004（2）：75-83,155-156.

[12] 李桂英.我国企业有效实施绩效管理的思路[J].山西农业大学学报（社会科学版），2011,10（8）：814-818.

[13] 卢美月,张文贤.企业文化与组织绩效关系研究[J].南开管理评论,2006（6）：26-30,67.

[14] 赵曙明,张捷.中国企业跨国并购中的文化差异整合策略研究[J].南京大学学报（哲学·人文科学·社会科学版），2005（5）：32-41.

[15] 曹德骏.家族企业研究的几个理论问题[J].财经科学,2002（6）：55-60.

[16] 王清刚.论企业内部控制的灵魂——从制度建设到道德与文化建设[J].中南财经政法大学学报,2014（1）：119-125.

[17] 方刚.基于资源观的企业网络能力与创新绩效关系研究[D].杭州：浙江大学,2008.

[18] 唐效良.如何留住企业的核心员工[J].中国人力资源开发,2002（8）：53-55.

[19] 高波,张志鹏.文化资本：经济增长源泉的一种解释[J].南京大学学报（哲学·人文科学·社会科学版），2004（5）：102-112.

[20] 水常青,许庆瑞.企业创新文化理论研究述评[J].科学学与科学技术管理,2005（3）：138-142.

[21] 占德干,张炳林.企业文化构建的实证性研究——对四个不同类型企业的调查与分析[J].管理世界,1996（5）：204-210.

[22] 邢以群,叶王海.企业文化演化过程及其影响因素探析[J].浙江大学学报（人文社会科学版），2006（2）：5-11.

[23] 周冰.我国企业内部控制流程设计研究[D].成都：西南财经大学,2014.

[24] 李军.现代企业战略性薪酬及其绩效研究[D].长沙：中南大学,2009.

[25] 陈菲琼,黄义良.组织文化整合视角下海外并购风险生成与演化[J].科研管理,2011,32（11）：100-106.

[26] 钟玮.我国企业内部控制有效性研究[D].北京：财政部财政科学研究所,

2011.

[27] 刘理晖，张德. 组织文化度量：本土模型的构建与实证研究 [J]. 南开管理评论，2007（2）：19-24.

[28] 解学梅，吴永慧. 企业协同创新文化与创新绩效：基于团队凝聚力的调节效应模型 [J]. 科研管理，2013，34（12）：66-74.

[29] 温素彬，李慧，焦然. 企业文化、利益相关者认知与财务绩效——多元资本共生的分析视角 [J]. 中国软科学，2018（4）：113-122.

[30] 辛杰. 企业文化对企业社会责任的影响：领导风格与高管团队行为整合的作用 [J]. 上海财经大学学报，2014，16（6）：30-39.

[31] 廖泉文，李鸿波. 企业并购的文化整合动因、障碍分析及其模式选择 [J]. 管理科学，2003（1）：33-37.

[32] 孙丽华. 战略人力资源管理、企业文化对创新绩效的影响 [J]. 国际商务（对外经济贸易大学学报），2016（6）：137-147.

[33] 李彦亮. 跨文化冲突与跨文化管理 [J]. 科学社会主义，2006（2）：70-73.

[34] 李海，张德. 组织文化与组织有效性研究综述 [J]. 外国经济与管理，2005（3）：2-11，26.

[35] 李成彦. 组织文化研究综述 [J]. 学术交流，2006（6）：183-185.

[36] 张建同，朱立龙. 企业的社会责任与企业绩效的相关性研究 [J]. 华东经济管理，2007（7）：94-97.

[37] 朱瑜，王雁飞，蓝海林. 企业文化、智力资本与组织绩效关系研究 [J]. 科学学研究，2007（5）：952-958.

[38] 刘刚，殷建瓴，刘静. 中国企业文化 70 年：实践发展与理论构建 [J]. 经济管理，2019，41（10）：194-208.

[39] 张瑶，郭雪萌. 风险管理视角下对企业内部控制评价研究 [J]. 理论与改革，2015（1）：86-90.

[40] 徐尚昆. 中国企业文化概念范畴的本土构建 [J]. 管理评论，2012，24（6）：124-132.

[41] 雷巧玲，赵更申，段兴民. 不同文化导向下心理授权对组织承诺影响的

实证研究：基于知识型员工的观点 [J]. 南开管理评论，2006（6）：13-19.

[42] 常亚平，郑宇，朱东红，等. 企业员工文化匹配、组织承诺和工作绩效的关系研究 [J]. 管理学报，2010，7（3）：373-378.

[43] 任佩瑜，宋勇，张莉. 论管理熵、管理耗散结构与我国企业文化的重塑 [J]. 四川大学学报（哲学社会科学版），2000（4）：45-49.

[44] 周忠英. 企业文化——未来企业的第一竞争力 [J]. 商业研究，2004（3）：164-165.

[45] 胡宜挺，李万明. 企业核心竞争力构成要素及作用机理 [J]. 技术经济与管理研究，2005（2）：20-22.

[46] 吴照云，王宇露. 企业文化与企业竞争力——一个基于价值创造和价值实现的分析视角 [J]. 中国工业经济，2003（12）：79-84.

[47] 张红霞，马桦，李佳嘉. 有关品牌文化内涵及影响因素的探索性研究 [J]. 南开管理评论，2009，12（4）：11-18.

[48] 汪秀婷. 企业竞争战略的理论研究与实证分析 [D]. 武汉：武汉理工大学，2004.

[49] 邹超，王欣亮. 企业核心竞争力的文献综述 [J]. 兰州大学学报（社会科学版），2011，39（2）：110-115.

[50] 栾强. 我国企业文化建设亟待解决的问题及对策 [J]. 山东社会科学，2017（1）：141-144.

[51] 陈传明，张敏. 企业文化的刚性特征：分析与测度 [J]. 管理世界，2005（6）：101-106，172.

[52] 赵曙明，裴宇晶. 企业文化研究脉络梳理与趋势展望 [J]. 外国经济与管理，2011，33（10）：1-8，16.

[53] 刘帮成，姜太平. 影响企业可持续发展的因素分析 [J]. 决策借鉴，2000（4）：2-5.

[54] 黎群. 试论企业文化的形成机制与建设 [J]. 北方交通大学学报，2001（5）：64-68.

[55] 刘剑锋，何立. 企业文化对员工组织认同与关联绩效研究 [J]. 北方经贸，

2008（8）：127-129.

[56] 何载福.企业文化建设实践与绩效研究 [D].武汉：华中科技大学，2005.

[57] 李海，张德.组织文化与组织有效性研究综述 [J].外国经济与管理，2005（3）：2-11，26.

[58] 许正良，徐颖，王利政.企业核心竞争力的结构解析 [J].中国软科学，2004（5）：82-87.

[59] 朱兵，王文平，王为东，等.企业文化、组织学习对创新绩效的影响 [J].软科学，2010，24（1）：65-69，74.

[60] 李成彦.组织文化对组织效能影响的实证研究 [D].上海：华东师范大学，2005.

[61] 王国顺，张仕璟，邵留国.企业文化测量模型研究——基于Dension模型的改进及实证 [J].中国软科学，2006（3）：145-150.

[62] 许婷，杨建君.股权激励、高管创新动力与创新能力——企业文化的调节作用 [J].经济管理，2017，39（4）：51-64.

[63] 黎永泰.企业文化管理初探 [J].管理世界，2001（4）：163-172.

[64] 李卫东.企业竞争力评价理论与方法研究 [D].北京：北京交通大学，2007.

[65] 艾亮.企业文化建设研究 [D].天津：天津大学，2012.

[66] 魏中龙.如何培育和提升企业的执行力 [J].北京工商大学学报（社会科学版），2003（6）：21-25.

[67] 周卉萍.如何提升企业核心竞争力 [J].政策与管理，2000（11）：4-15.

[68] 周发明.论中小企业成长过程的战略转型 [J].经济纵横，2006（9）：72-74，40.

[69] 程兆谦，徐金发.企业文化与购并研究 [J].外国经济与管理，2001（9）：13-19.

[70] 栗战书.中国家族企业发展中面临的问题与对策建议 [J].中国工业经济，2003（3）：87-93.

[71] 姜付秀，石贝贝，李行天."诚信"的企业诚信吗？——基于盈余管理的

经验证据 [J]. 会计研究，2015（8）：24-31，96.

[72] 张淑华，方华. 企业组织氛围与组织隐性知识共享之关系研究 [J]. 心理科学，2005（2）：383-387.

[73] 秦德智，秦超，蒋成程. 企业文化软实力与核心竞争力研究 [J]. 科技进步与对策，2013，30（14）：95-98.

[74] 张勉，李海，魏钧. 企业文化和企业绩效的关系研究——一致性和均衡性的观点 [J]. 科学学与科学技术管理，2007（8）：140-148.

[75] 古继宝，李妍. 企业文化的激励功能及其对员工工作满意度影响研究 [J]. 管理学报，2009，6（9）：1274-1278.

[76] 金爱兰. 新时期企业文化建设的思考 [J]. 铁道经济研究，2013（Z1）：46-48.

[77] 黎明，耿晓钢. 激励理论在企业管理中的运用研究 [J]. 企业研究，2013（16）：90-92.

[78] 潘健平，潘越，马奕涵. 以"合"为贵？合作文化与企业创新 [J]. 金融研究，2019（1）：148-167.

[79] 魏杰，王波. 企业文化创新的成功之路——从昆明盘房看新文化萌芽 [J]. 管理世界，2001（2）：183-195.

[80] 马金贵，张长元. 企业核心员工流失原因分析及其对策 [J]. 湖南商学院学报，2005（2）：42-44.

[81] 郭建鸾，郝帅. 跨国并购目标企业文化整合的影响因素与耦合机制研究 [J]. 中央财经大学学报，2015（1）：106-112.

[82] 韩文辉，吴威威. 国外企业文化理论主要流派述评 [J]. 哈尔滨工业大学学报（社会科学版），2000（4）：121-125.

[83] 张国安，孙忠. 客户关系管理与企业文化 [J]. 科技进步与对策，2001（1）：98-100.

[84] 张玉明，刘德胜. 企业文化、人力资源与中小型科技企业成长关系研究 [J]. 科技进步与对策，2010，27（5）：82-89.

[85] 李海，张勉. 企业文化是核心竞争力吗？——文化契合度对企业绩效的

影响 [J]. 中国软科学，2012（4）：125-134.

[86] 赵春妮，寇小萱. 企业文化对企业竞争力影响的实证分析 [J]. 统计与决策，2018，34（6）：181-184.

[87] 李二青. 企业文化建设中的人力资源管理问题研究 [J]. 山东社会科学，2014（1）：155-158.

[88] 陈静. 企业文化提升企业核心竞争力的机制与路径研究 [D]. 武汉：武汉理工大学，2007.

[89] 吴秋生，刘沛. 企业文化对内部控制有效性影响的实证研究——基于丹尼森企业文化模型的问卷调查 [J]. 经济问题，2015（7）：106-114.